MORIR

PARA

VIVIR

Thomas Hohstadt

© 2001 EDITORIAL VIDA
Miami, Florida 33166

Publicado en inglés con el título:
Dying to Live
© 1999 por *Damah Media*

Traducción: *Orlín Márquez*

Edición: *Eliecer Rodríguez*

Diseño interior: *Luis Bravo / Bravo GD, Corp.*

Diseño de cubierta: *Ark Productions, Inc.*

ISBN 0-8297-3351-5

Categoría: *Ministerio cristiano*

Impreso en Estados Unidos de América
Printed in the United States of America

01 02 03 04 05 06 07 ❖ 07 06 05 04 03 02 01

Comentarios sobre morir para vivir

«Me impresionó muchísimo... me cautivó. Lo que más me impresiona es lo que Hohstadt nos dice... de una manera clara, concisa y valiente... es lo necesitamos oír. Él utiliza su experiencia como director de orquesta para enfrentar los retos que enfrenta la iglesia. Su sensibilidad artística, su intuitivo alcance a lo desconocido, sus citas fascinantes y su enérgico estilo literario se combinan para hacer que este libro valga la pena leerlo, así como recomendarlo a otros. Si lo escuchamos, haremos música más hermosa en los años venideros». Brian McLaren, autor de *Reinventing Your Church* [El recrear de su iglesia].

«Olvida el futuro, este es un libro para el presente. Hohstadt no tiene miedo de hablar en forma profética ni tiende al "análisis ligero"». Su fascinante guía a la «metáfora profética», no tiene precio. Sally Morgenthaler, autora de *Worship Evangelism* [Adoración evangelística].

«Morir para vivir, la iglesia del siglo XXI, lo inspirará y lo instará a pensar. Thomas Hohstadt mira hacia el futuro. Declara la esencia de lo que este puede revelar y cómo la iglesia debe relacionarlo. Este libro le ayudará a analizar y reevaluar su eficiencia en alcanzar la cultura de la era digital». LaMar Boschman, *The Worship Institute* [El instituto de la adoración].

«Este es un análisis provocativo de cómo nuestros patrones en la adoración necesariamente cambiarán en el vertiginoso mundo de hoy en día. *Morir para vivir* le dará un vistazo perspicaz al panorama que nos espera, y para el cual debemos prepararnos». Bob Sorge, autor de *Exploring Worship* [El explorar de la adoración].

«Da en el blanco... posee pasión y convicción, y habla sobre un tema actual... Hohstadt descubre ideas importantes». Loren B. Mead, The Alban Institute, autor de, *The Once and Future Church* [La iglesia singular y del futuro].

«Poderoso... extraordinario... estimulante... Sus imágenes y tono profético demuestran mucha fortaleza». Rex Miller, estrategia y futurista.

«Te va gustando cada vez más mientras que elimina pensamientos innecesarios. Revela lo que a menudo está oculto, expande ciertos conceptos mientras que deja ver la pura verdad... contiene secciones brillantes... me siento feliz y honrado por poder leer *Morir para vivir*». Joel Young, autor de *Behold Yeshua!* [¡Mirad a Yeshua!].

«Un libro interesante y cautivador sobre un tema importante». Richard Cimino, Editor de *Religion Watch* [Centinela Religiosa].

«Fuente de poder... revelación veraz... claridad en lenguaje refrescante». Ed Chinn, escritor y consultor organizacional.

Acerca del autor

El Dr. Thomas Hohstadt ha logrado reconocimiento en varios campos: director internacional de orquestas sinfónicas, autor, conferencista, artista, compositor, y solista. Egresado de la Universidad Fulbright, también obtuvo cuatro títulos avanzados de la Eastman School of Music y de la *Akademie fürMusik* de Viena. Su carrera de veintiocho años como director de orquesta incluye posiciones con la Eastman School of Music, las orquestas sinfónicas de las ciudades de Honolulu, Amarillo y Midland-Odessa. También ha sido director invitado en ocho naciones.

Durante este tiempo, el Dr. Hohstadt también ha escrito dos galardonados libros y veintiséis artículos. Es un instructor cristiano dedicado el cual inculca nuevas visiones de adoración potenciada a través de la teología de la creatividad y de la metáfora profética. En su libro: *Spirit and Emotion* [Espíritu y emoción], él desenmascara la confabulación de la emoción natural que se hace pasar como espiritualidad. Y en este último libro *Morir para vivir*, Hohstad combina cualidades de estudio y perspicacia presciente para explorar la nueva iglesia de la era digital.

Escritores versados halagan su trabajo previo:

«...un asunto cuyo "tiempo ha llegado".... de gran importancia ... una comunicación hábil». Robert Webber, director del Instituto de Estudios de Adoración y profesor de teología, Wheaton College.

«...el libro más versado, sensible, y Escritural sobre el poder creativo de la música que jamás he leído... debe ser requerido para todo adorador». Judson Cornwall, autor y conferencista.

«...lleno de ideas, desconcertante, contra cultural, pero nunca motivado por el deseo de importunar al lector ni de causar problemas». Grace Mojtabai, ex profesora de Harvard.

«De la calidad de William Blake... aforístico... como poesía. Enciende las cosas... es provocativo... tiene oraciones que te asombrarán». Katherine Veninga, Editora de *Texas Journal of Ideas, History, and Culture*.

«Asombroso... le atinó a algo importante... usa las palabras maravillosamente, a menudo de forma brillante». Obispo Leroy T. Matthiessen, Diócesis de Amarillo.

*Dedicado a
LaMar y a Rex
Quienes lo hicieron posible*

Contenido

Prefacio

Recientemente asistí a una convención cristiana en una hermosa montaña, en un paisaje cautivador. Los creyentes en Australia se reúnen en esta montaña a lo largo de muchas décadas para obtener alimento para sus almas. Ni el mensaje, ni la montaña ni la forma de predicar han cambiado en cincuenta años. Entonces leí este libro escrito por Thomas Hohstadt y pensé: Ni siquiera una fe monumental podrá sobrevivir la inundación digital venidera. Thomas Hohstadt ha escrito un nuevo libro sobre la iglesia. No me refiero a otro libro sobre la iglesia... existen millones de ellos... sino más bien uno nuevo. Es decir, un nuevo libro sobre la nueva iglesia que aún está en algún lugar del horizonte digital. El libro me pareció tanto preocupante como estimulante. Preocupante puesto que demuestra cabalmente cómo la iglesia del ayer y la de hoy está condenada al fracaso. Ninguna cantidad de fuego pentecostal va a prevenir que la iglesia institucional se queme por completo. Por el contrario, quizás esté apresurando el día. El libro es estimulante porque Thomas tiene un inmenso talento y conocimiento teológico. Este libro no es una diatriba fatalista, sino más bien la visión de un profeta aunada al conocimiento de un erudito. Este es un libro sobre la revolución digital, su impacto sobre la forma en que interactuamos con las Escrituras, y la forma en que forjamos comunidades. El libro también nos ofrece un poderoso análisis de «esta generación», la cual heredará la tierra digital. La iglesia del siglo XXI que heredarán (y probablemente construirán) es una que usted y yo apenas podemos imaginar. Nuestras raíces se remontan quinientos años atrás, lo cual hace difícil conceptuar la iglesia diferente a como la conocemos. La iglesia del siglo XXI ni siquiera se ha establecido, sin embargo, Thomas nos da una idea más clara de su semejanza. Este libro ahora se encuentra en mi mesa entre mis favoritos para divulgar.

Australia, 1999
David Bell, autor de *Cyberchurch* [La iglesia cibernética].

Introducción

1. Visiones apocalípticas

Algo grande está sucediendo, lo cual cambiará para siempre la iglesia.

Los historiadores lo denominan el evento decisivo más grande que jamás se haya documentado. «Si el mundo no ha llegado a su final», escribe Solzhenitsyn, «está al frente de un gran cruce histórico». Puesto que, explica Alvin Toffler: «Somos la generación final de una antigua civilización y la primera generación de una nueva».

La revista *Time* hace la siguiente declaración sobre el futuro:

La década de los noventa se han convertido en una frontera transformadora entre una generación y otra, entre un orden de cosas que se desintegra y otro que se forma. Se aproxima un milenio, un cisma cósmico. El siglo XX es un volcán casi extinto; el siglo XXI es un embrión.[1] Sin duda algo viejo se está muriendo y algo nuevo está naciendo.

«Un medio para la revelación»

A esta muerte la llamamos «posmodernismo». Este apunta al final del mundo moderno... al colapso de la civilización actual... al derrumbe de las leyes... al desgarre del tapete social... o simplemente a la «muerte de la cultura».

Al mismo tiempo nuestra forma de pensar está cruzando nuevos umbrales. Ya nuestra fría lógica, nuestra verdad «absoluta» se está rindiendo a algo nuevo. Estamos mirando con otros ojos y escuchando con otros oídos. ¡Aun la realidad misma está cambiando! No es que dos más dos ya no sean cuatro, es más bien que dos más dos ya no tienen importancia.

Esta nueva realidad implica que también hablamos un nuevo idioma. No simplemente nuevas palabras, sino una nueva forma de usarlas. Las palabras implícitas reemplazan las palabras explícitas. Las metafóricas reemplazan las literales. Imágenes fluidas sin fin reemplazan a ideas ordenadas. La experiencia reemplaza a la razón, y los sentimientos reemplazan a las formas.

En todos estos casos, los significados «ocultos» reemplazan las definiciones rigurosas. Sin embargo, estos significados ocultos, lo cual la Escritura comprobó hace muchos años, sirven como un «medio para la revelación».[2]

De dogma a fondo

La iglesia, como institución humana, se aferra a la misma cultura moribunda. Por lo tanto, a los cristianos también los atormenta la misma muerte y el mismo renacimiento.

Por ejemplo, los eruditos religiosos se refieren a esto como «el final de la reforma». Loren B. Mead afirma: «Dios

está desmantelando los sistemas denominacio[...]
como sea posible».[3] Robert Webber insiste en q[...]
medio de una cultura «poscristiana».

Evidencia de esto la encontramos primero en la asistencia a la iglesia. Las más importantes experimentaron un colapso lento y doloroso desde la cumbre de su éxito en 1963. La iglesia católica vive una crisis de vocación sacerdotal, y muchos protestantes desilusionados, los cuales regresaron a las grandes y adineradas iglesias, se están yendo de nuevo.

Como resultado, el cristianismo ha perdido su posición privilegiada en el mundo. A decir verdad, se ha convertido en una «subcultura».[4] ¡Solo miren a su alrededor! En centros urbanos corteses tales como la ciudad de Nueva York, hay más simpatizantes espiritualmente sensibles que van al Museo de Artes Contemporáneas el domingo que a las catedrales.[5]

Sin embargo, no todo es un caso perdido. En lugar de la «religión», observamos una «espiritualidad posreligiosa».[6] Estamos abriendo un nuevo sendero entre la mente y el corazón... de la retórica a la revelación... de lo público a lo privado... de lo institucional a lo individual... de lo externo a lo interno.

En resumen, de dogma a fondo.

Un ladrón en la noche

Este sendero no solo conlleva al nacimiento de una nueva espiritualidad, sino también al nacimiento de una nueva cultura. Esta se manifiesta primordialmente en el Internet, una metáfora del futuro.

El Internet es el medio de más rápido crecimiento que el mundo haya conocido. «Jamás ha existido en la historia de la humanidad tecnología o innovación que se le asemeje en rapidez de aceptación, significado, e impacto».[7] «Se estima que el número de usuarios del Internet se cuadruplique en los próxi-

.ios cinco años en un promedio anual del setenta y nueve por ciento».[8]

Será la fuente de poder del futuro. Sin duda, «la revolución digital marcará el paso del mundo».[9] Su gigantesca y dominante red global sin duda creará una nueva cultura mundial.

Es conocida como la «supercarretera de la información», y esta puede lograr cosas asombrosas. Por ejemplo, fibra óptica del tamaño de un cabello humano puede proveer cada ejemplar del *Wall Street Journal* que jamás haya sido impreso en menos de un segundo. Tal como un ladrón en la noche, el sagaz poder de este demonio digital, se ha inmiscuido en toda área del moderno vivir.

Aun el Papa confiesa: «La computadora ha cambiado mi vida».[10]

La razón es porque este nuevo medio está cambiando la forma en que pensamos. Por ejemplo, en el pueblo fronterizo digital, las reglas de supervivencia y éxito están cambiando, y tal como una fuerza de la naturaleza, el cambio es irrevocable e incontenible.

No hay marcha atrás.

No se equivoque, lo que vemos hoy en día no es la era digital. Esta llegará a su cumbre muy pronto. El cambio que conocimos en el pasado no es el mismo cambio que conoceremos en el futuro. El nuevo milenio hará obsoleta la vida que conocemos, mientras que algo nuevo lucha por sobrevivir. La ciencia de hoy no será la ciencia del mañana, el ciberespacio se convertirá en una realidad «virtual»... un espacio «metafórico».

¿Qué es lo que significa este cambio amenazador para la iglesia? Significa que nos hemos involucrado en una aguerrida batalla en un mundo amoral y posmoderno. Que estamos en una carrera por la fe de todo el planeta, «conectados» o «no conectados» al Internet.

«¡Voy a hacer algo nuevo! Ya está sucediendo, ¿no se dan cuenta?»[11]

Miopía adinerada

Estas predicciones ocurrirán más rápido de lo que pensamos. No esperamos por ninguna invención. Ya está aquí, y las cosas están sucediendo aun antes de lo que los extremistas creyeron.

Otros disturbios progresaron con los lentos y sangrientos dramas de guerras, revueltas, hambres y otras calamidades. Aun acontecimientos positivos resultaron de la marcha adelante del progreso esperado. Y aunque la experiencia del tiempo se acelera, nunca hemos perdido el sentido de continuidad.

Mañana será diferente. No seguirá el mismo paso acelerado; cambiará de repente. No se revelará poco a poco, sino que aparecerá al instante. No mejorará el pasado, romperá con él. Como vivir dentro de un calidoscopio, el nuevo milenio nos sorprenderá con su asombrosa metamorfosis... cambio exponencial... y cristalizadora revolución.

Primero, el mundo del futuro se desarrollará a «velocidad hiperespacial». Con el rápido derrumbe de la antigua cultura, no hay nada firme en que pararse. Las manos temblorosas de los mismos expertos pintan figuras pequeñas y borrosas. Al mismo tiempo, alguien mayor que nosotros está pintando un gigantesco mural al fresco, pero estamos tan cerca de él, que no lo podemos apreciar.

La iglesia no puede avanzar hacia el futuro con paradigmas pasados. El mundo está lleno de expertos en el crecimiento de la iglesia, los cuales a pesar de sus buenas intenciones difunden sus programas, fórmulas y técnicas. Sin embargo, los modelos viejos, los estilos de gerencia viejos, o cualquier otra idea reciclada que se hace pasar por una nueva, no logra entender el cambio que nos cubre en el ámbito global.

Por ejemplo, los economistas mundiales reportan que las ganancias del sector de innovaciones impulsan la mayoría de la información digital, pero su miopía adinerada no puede ver el verdadero panorama. Otros observadores miopes malinterpretan la «información» en la «era de la información». Después de todo, el ciberespacio significa mucho más que simple información.

Guardianes de la gracia

¿Cómo debería responder la iglesia?

El gran historiador Arnold Toynbee afirmó que enfrentamos las crisis en una de cuatro maneras diferentes: 1) Huimos como tortugas. 2) Nos confiamos, como corderos camino al matadero. 3) Temblamos, como paranoicos buscando demonios, o 4) Nos hacemos cargo de la crisis y la transformamos en algo útil.

Muchos de nosotros en la iglesia enfrentamos crisis de la primera forma, huimos al pasado. Este sigue siendo nuestro salvador. Por lo tanto, como buenos guardianes de la fe, devolvemos nuestros relojes a la «edad dorada», y nos encerramos en otro lugar y otro tiempo. En realidad, muchos de nosotros utilizamos todos nuestros recursos en causas obsoletas.

Tristemente, olvidamos las «manos que han trabajado durante siglos», en honor a nuestros pequeños recuerdos, «indagando, tocando torpemente y no siempre contentas».[12] No nos damos cuenta que nuestras iglesias a menudo se han convertido en salas de espejos donde solo vemos nuestras propias imágenes. No logramos entender que nuestra supuesta «verdad» nos sienta bien porque es cónsona con nuestros prejuicios y fanatismos.

Por supuesto, el pasado también puede estar en lo cierto.

A menudo, los modelos viejos e impotentes perdieron su capacidad de potenciar el futuro. Muchas veces, períodos de revelación pasados se convierten en metáforas muertas de una nueva era. Y a menudo, nuestra predilección por lo «conocido» solo habla de un lugar y tiempo donde Dios estuvo una vez.

Como resultado, confundimos a la perla con la ostra, a la cultura con su contenido y a la metáfora con su significado.

Los símbolos de la fe reemplazan a la fe misma.

«¡Jerusalén, Jerusalén ... ¡Cuántas veces quise reunir a tus hijos, como reúne la gallina a sus pollitos debajo de sus alas, pero no quisiste!»[13]

Tácticas pasivas

Segundo, confiamos ciegamente. Nuestra confiada seguridad es más evidencia de la carne que de la fe. Simplemente pasamos por alto las realidades amenazantes del mundo venidero. Nos aferramos al status quo mientras tratamos de hacer un poco mejor lo que ya hacíamos.

Mientras tanto, le decimos «no» a las computadoras, o nos guarecemos de los demonios digitales con otro «remiendo». Damos nuestro consentimiento a «remiendos que toman forma de entretenimiento, autoestima, santurronería o ayuda propia».[14] Pero la iglesia sigue siendo la misma. No estamos más preparados para el futuro que antes. Es como si estuviésemos curando heridas mortales con vendas temporales.

Mejorar el futuro tampoco dará resultado. Lo que la iglesia tiene hoy en día no funcionará mañana. No podemos solucionar los problemas de hoy con el mismo modo de pensar que los creó. El mañana hará que nuestras tácticas pasivas sean irrelevantes. Al fin y al cabo, algo nos ha de costar la entrada al siglo XXI. Hay un precio que pagar.

«Tres cosas hay que no regresan: La saeta lanzada, la palabra proferida, y la oportunidad perdida».
—*Tradicional*

Víctimas aparentes

Tercero, temblamos. Evitamos la verdad buscando enemigos externos. Y hacemos responsable de todos nuestros problemas a «las fuerzas malignas de este siglo». Nos convertimos en paranoicos piadosos; los espíritus «religiosos» y fanáticos temerosos «con nerviosas narices que pueden rastrear nuestras herejías desde más de cien kilómetros».[15]

Considere a San Agustín quien dijo que los cristianos deben evitar a aquellos que sepan sumar o restar puesto que obviamente «hicieron un pacto con el diablo».[16]

Existe en esta estrategia una extraña tragedia. Ni la juventud rebelde ni los avances en la tecnología son enemigos de la iglesia. En realidad, en este momento son nuestra esperanza. Más bien, si le fallamos al futuro, la culpa será de nuestro orgullo carnal, disfrazado de «religión».

Entonces necesitamos reflexionar en la cuarta reacción que presentó Toynbee: Debemos hacernos cargo de la crisis y hacer de ella algo útil. Las otras alternativas tratan de hacer desaparecer las cosas; en esta última tratamos de engendrar cosas nuevas. Cuando aparezcan los nuevos paradigmas, más vale que desaparezcan las meras apariencias.

Ya no más nuevas

Algunos observadores se refieren al éxito de las iglesias de mayor crecimiento como la respuesta de Dios para el futuro. A estas iglesias se les ha llamado de muchas formas: Carismáticas, pentecostales, libres, independientes, de adoración y alabanza... y, sin duda, llegaron con un fuego muy avivado. Sus orígenes pentecostales, a principios de este siglo, hablaban de: «Un "fin" para la historia, una "nueva era" y una "era posmoderna" aun antes de que fuesen inventadas todas estas frases que ahora están de moda».[17]

Algunas veces se les denomina «posdenominacionales». No son ni católicas ni protestantes, y en el sentido tradicional, ¡no son ni siquiera una «religión»! Aun así, siguen siendo las iglesias de más rápido crecimiento en el mundo.

Algunos eruditos creen que estas son las iglesias del «nuevo paradigma». Y ciertamente, fueron nuevas en su momento, pero ya no. Estos creyentes participan en sus propios paradigmas pasajeros, puesto que ¡«la iglesia del nuevo paradigma» aún no existe!

La tragedia en este movimiento nace de la forma en que se vincula al mercado secular. Muy a menudo, su prístino poder se convierte en algo burdamente comercial. Pide a una sociedad secular y a la moda que quiere ver en la iglesia, y luego canoniza sus deseos como la «verdad eterna».

Sí, cada época lanza sus propias sombras, cada generación sigue las curvas de su propia cultura. Estas meditaciones seculares son de esperar. Pero la adoración de hoy en día muy a menudo responde al tráfico de influencias en un mercado adinerado, a los apologistas de un mundo secular, y a los propagandistas de una teocracia mundana. Cuando esto sucede, el mundo mete a la iglesia, a la fuerza, dentro de su propio molde carnal... su propia ceguera fanática... sus prejuicios particulares. Entonces confundimos el «espíritu de este siglo» por el espíritu de adoración. Descubrimos que la «experiencia religiosa» es una noción escurridiza. Ya no podemos notar la diferencia entre el oro y el material impuro.

Jekyll y Hyde

Nada en nuestro pasado nos prepara de forma total para el futuro. Con profundo afecto esperamos que nuestras metáforas más antiguas y preciadas aún se expresen con poder en el nuevo milenio, mas el poder de Dios nos sorprenderá.

«Nos encontramos en el umbral de mayor transformación de la iglesia». «Hasta quizás haga parecer la transformación de la reforma una simple onda en un charco»[18] Porque el futuro promete un acontecimiento espiritual y no solamente un descubrimiento tecnológico. Promete la sabiduría del corazón y no simplemente el intelecto de la mente; promete valores y visiones y no solo bytes y caracteres.

¡Con estas promesas la iglesia puede volver a ser líder! Puede dirigir la historia en vez de seguirla. De la vida vieja y estado de descomposición puede nacer la vida nueva. Un nuevo orden puede surgir de un angustioso desorden.

Sin embargo, sin nuestro liderazgo, el futuro se irá por otro lado. Puesto que es un futuro al estilo de Jekyll y Hyde en el cual el ganador se lo lleva todo.

Marshall McLuhan, aunque nunca lo expresó precisamente, se dio cuenta que los medios electrónicos en manos de personas con espíritus arruinados muy pronto nos destruirán. La razón es que una herramienta que trabaja a la velocidad de la luz necesita la dirección del Espíritu de Luz. El poder del Internet obra para bien solamente en la medida que somos buenos; es seguro solo en la medida que lo manejemos con certeza, es decir, solo si vivimos en la verdad.

Ya el Internet está casi fuera de control. El ciberespacio es un lugar sin leyes, sin frenos. Se ha convertido en un monstruo impulsivo: sin control, confundido, inseguro y peligroso. Aun sus inventores temen a lo que se ha convertido.[19]

Si no nos organizamos—¡y pronto!—la iglesia podría

sufrir una gran tragedia por causa de que nos negamos a ver la mano de Dios en este suceso apocalíptico. Ya el siglo XXI evoca guerras y desastres escatológicos.

Debemos prepararnos para la acción. Debemos dejar atrás todo el equipaje que nos sobre. Debemos redefinirnos para la era digital. Debemos establecer un programa revolucionario. Sí, siempre confesamos a Cristo «el mismo ayer, hoy, y por los siglos»,[20] pero de la misma manera debemos adaptar de forma experta su historia a los requerimientos de la era digital. En esta era posmoderna, ¿acaso podemos cantar la canción del Señor en tierra extraña? ¡Es nuestro deber!

Una brújula para el futuro

Este libro prepara a la iglesia para un futuro de cambios. Confronta las tiranías ocultas en medio de las tradiciones más respetadas, y revela las promesas en las corrientes más temidas. Nos dice cómo llegamos aquí, hacia dónde vamos y los secretos de una transición de éxito. Y de mayor importancia, nos da un atisbo de la naturaleza de Dios en un nuevo orden mundial.

Es por eso que este no es su típico libro sobre el «crecimiento de la iglesia». No se basa en paradigmas pasados, ni es amigo de las técnicas gerenciales del ayer. No presenta ideas viejas como nuevas, sino más bien provee una brújula que nos guía a un lugar donde nunca ha estado alguien.

Nos presenta un panorama veraz de las fuerzas que controlan la era que surge y presenta las asombrosas oportunidades para la iglesia del milenio. Nos describe una Palabra nueva para una era nueva, una Palabra divina para una era digital, una metáfora trascendente para un momento trascendente. De una manera amorosa y sincera elimina los legados perdidos del pasado, y describe a los «demonios digitales» del futuro (o quizás mucho más importante: le enseña a la iglesia cómo derrotarlos).

En resumen, este libro guía a la iglesia a través de las aguas turbulentas del tiempo que se avecina.

---

1 *Time*, 14 de enero de 1991, p. 65.

2 Marcos 4:22.

3 Loren B. Mead, *The Once and Future Church* [La iglesia singular y del futuro], Bethesda, MD, The Alban Institute, 1991, p. 39.

4 Mark Driscoll, citado en el artículo de Sarah Means «Postmodern Church Targets Generation X in Seattle» [Iglesia posmoderna concentra sus esfuerzos en la generación X en Seattle], *The Washington Times*, http://www.wahtimes.com:80/culture/culture2.html.

5 William Irwin Thompson, *The Time Falling Bodies Take to Light: Mythology, Sexuality, and the Origins of Culture* [El tiempo que le toma iluminarse a los cuerpos que caen: mitología, sexualidad y el origen de la cultura], Nueva York, St. Martin's Press, 1981, p. 103.

6 Thompson, *Coming Into Being* [Realizándose], Nueva York, St. Martin's Press, 1996, p. 199.

7 Don Tapscott, *The Digital Economy: Promise and Peril in the Age of Networked Intelligence* [La economía digital: la promesa y el peligro de la era la inteligencia entrelazada] Nueva York, McGraw-Hill, 1996, p. 16,17.

8 Stats, Internet, http://www.emarketer.com/estats/nmsg_users_future.htm. 1998

9 El Show de Larry King, CNN, 3 de enero de 1997, entrevista con el editor de la revista *Time*.

10 Agencia de Noticias Reuter, Internet, http://nt.excite.com/news/r/981117/17/odd-computer , 17 de noviembre de 1998.

11 Isaías 43:19.

12 Michael S. Driscoll, «The Roman Catholic Mass» [La misa Católica Romana], *The Complete Library of Christian Worship*, Volumen dos, Nashville, Star Song Publishing Group, 1994, p. 173.

13 Lucas 13:34.

14 Sally Morgenthaler, *Worship Evangelism* [Evangelismo a través de la adoración], Grand Rapids, Zondervan Publishing House, 1995, p. 52.

15 Paul L. Maier, en *A Skeleton in God's Closet* [Un esqueleto en el closet de Dios].

16 Alvin Toffler, *Creating a New Civilization* [La creación de una nueva civilización], Atlanta, Turner Publishing Company, 1994, p. 35.

17 Harvey Cox, *Fire from Heaven: The Rise of Pentecostal Spirituality and the Reshaping of Religion in the Twenty-first Century* [Fuego del cielo: el surgimiento de la espiritualidad pentecostal y la reestructuración de la religión del siglo veintiuno], Reading, Massachusetts, Addison-Wesley Publishing Company, 1995, p. 116.

18 Mead, p. 68.

19 (19) «Using the Internet» [El uso del Internet], programa televisado, Corporation for Public Broadcasting, 1996.

20 Hebreos 13:8

2. Cómo llegamos hasta aquí...

Sendas paralelas

La comunicación informa la realidad y la manera en que vivimos. En verdad, la manera en que adoramos y la forma que nos comunicamos trazan sendas perfectamente paralelas. En los próximos dos capítulos, exploraremos estas dos sendas, comenzando con la tradición oral del primer siglo, seguiremos con la imprenta, concentrándonos luego en la televisión, y finalmente avistando el futuro digital.

Ante la falta de los «puros de corazón», la forma en que nos comunicamos determina lo que somos, puesto que *lo que* vemos en el mundo es resultado de *la forma* en que lo vemos, y la forma en que lo vemos es evidente en el medio del mensaje.

El mundo crea estructuras de medios de comunicación, y a su vez estas estructuras redefinen el mundo a su imagen. A las almas mundanas les encanta contemplarse perplejas en estos espejos de auto adoración... hasta que los visionarios descubren un nuevo medio. Luego, ya sin aliento, una civilización se rinde y la otra quiebra viejos hechizos narcisistas.

La iglesia necesita mantenerse despierta y alerta ante el obrar de estas fuerzas. Debe discernir tanto las bendiciones ocultas como los dominios de la oscuridad para entonces pasar a salvo al próximo paradigma.

Debemos saber ¿cómo llegamos aquí? ¿por qué son diferentes nuestras tradiciones? ¿por qué crecen algunas iglesias y otras mueren? ¿cuáles corrientes serán de importancia? y ¿cómo podemos anticipar cambios en nuestros roles?

Clavar tornillos

Tristemente, las iglesias están atrasadas unos cuantos años. La mayoría de las conversaciones sobre «hacia donde va la iglesia» son en realidad sobre «donde ha estado la iglesia». Hoy en día lo que denominamos «lo más nuevo» es en realidad parte del pasado. Los modelos exitosos del pasado simplemente no darán resultado mañana.

Ninguno de ellos describe la iglesia del nuevo milenio, y con razón.

Todo medio de comunicación se concentra en sus puntos fuertes mientras que pasan por alto sus puntos débiles. Hacen énfasis en lo que hacen bien mientras que excluyen lo que hacen mal. Resaltan las cosas conforme a su punto de vista y al mismo tiempo predisponen todo lo que esté fuera de él.

Es por eso que nos encerramos en el legado de un medio y no tenemos en cuenta la visión de uno nuevo. Malinterpretamos los avisos de los tiempos y reaccionamos a los asuntos equivocados. Les echamos la culpa a las «fuerzas del maligno» y no tenemos en cuenta las realidades históricas.

En resumen, enfrentamos nuevos paradigmas con herramientas viejas. Rex Miller [1] compara nuestra estupidez con la acción de tratar de clavar un tornillo. La herramienta errada, la cual producirá resultados erróneos.

Las cosas terminan destruidas.

Estos remanentes destruidos permanecen aún dentro de las iglesias. Tal y como códigos genéticos dañados, hay tres corrientes tradicionales distintas que se aferran a legados perdidos. Y ahora, una vez más, un medio nuevo rompe el vínculo entre el pasado y el futuro, entre las víctimas y sus vencedores.

Describiremos estos medios de comunicación, sus remanentes y los asombrosos cambios que nos esperan.

La tradición oral

De entre todas las «palabras» de todos los medios de comunicación, la tradición oral sigue siendo la más personal y poderosa. Sin embargo, aunque aún nos hablamos los unos a los otros, no sabemos nada de la tradición oral. Este medio dio a luz al cristianismo y transformó al mundo occidental. Aun así, hoy en día, nuestra retórica griega, nuestras definiciones huecas, y nuestras imágenes televisivas carentes de profundidad, sobreviven como triviales primos de sus antepasados orales de antaño.

La iglesia católica surgió primeramente de la tradición oral de los primeros cristianos. De hecho, los sonidos rituales, aromas, sabores, movimientos, arquitectura y poesía (todos elementos de la tradición oral) definen su adoración. Pero en ese entonces, el cristianismo se convirtió en la religión «política» del mundano Imperio Romano. La adoración se convirtió en un acontecimiento de «espectadores» para sus ciudadanos. Hoy en día los servicios litúrgicos solo representan vagamente la tradición oral.

Nuestros rituales de rutina siguen siendo solo reliquias, solo residuos.

La tradición oral de los antiguos hebreos fue, en el principio, una palabra inspirada, profética, una «palabra» dentro de una palabra, y aun, *más* que una palabra. A diferencia de las palabras modernas, conocidas solo por el cerebro, las «palabras» hebreas surgieron primero del cuerpo. Puesto que la carne hebrea profirió significados profundos, sensaciones metafóricas, sombras sensuales sin fin.

¡Sus cuerpos hablaban!

Estas eran sensaciones viscerales que se expresaban más de la intuición de su corazón que de la lógica de su mente. Luego los hebreos de manera valiente comunicaron estos sentimientos a otros a través de historias, cánticos, imágenes, danzas y representaciones.

En resumen, las «palabras» orales fueron proféticas, las profecías fueron metáforas, y las metáforas arte.

¡Todos estos, en esencia, sinónimos! Pero su «arte» no es el arte de hoy en día. Las «palabras» orales, por ejemplo, pudieron ser tan simples como el «partimiento del pan», o la «mezcla de saliva con barro» por parte de Jesús.[2]

Y a diferencia de hoy en día, estas «palabras» se usaban con mucho cuidado, se las presentaba de forma muy intencionada. Las palabras «creer» y «hablar», por ejemplo, siempre fueron sinónimas. Tal y como imitadores reverentes de su Padre, los antiguos hebreos hablaron de «cosas inexistentes, como si en realidad existieran». Presentaron «el final y el resultado desde el principio».[3]

Esto era el privilegio de la audacia.

No es sorprendente que en medio de una sequía y bajo cielos despejados Elías afirmó: «Ya se oye el ruido de un torrentoso aguacero».[4] Ni poco usual cuando Jesús declaró: «Yo he vencido al mundo», cuando en realidad, su victoria la logró más tarde cuando murió y resucitó.[5]

Lo más importante es que las «palabras» orales tenían poder, no el poder que viene del ego heroico, sino un poder espiritual mayor que el orador mismo. El orador esperaba plenamente que algo asombroso sucediese. Cada momento estaba saturado con una cruda realidad, con posibilidad inmediata, con manifiesta presencia.

Porque Dios era el Dios de la historia quien perennemente creaba cosas nuevas.

Los hebreos sabían que la «palabra» y el Espíritu de Dios eran lo mismo. Y sabían por experiencia propia que la «palabra» dicha salía y obraba, se movía con poder creativo, cumplía su propia profecía, y manifestaba su propio significado. A diferencia de las palabras de hoy en día que solo «sobrevienen» en la vida (o sea que solamente añaden a la vida), las palabras orales «intervienen» en la vida, en verdad «cambian la vida».

El poder encarnó poder.

Estas «palabras» orales las encontramos en el sonar de las trompetas que derrumbaron los muros de Jericó. Las encontramos en la música del arpa de David que espantó los espíritus que atormentaban a Saúl. También en las voces de los profetas cantores que iban delante del ejército de Judá mientras Dios derrotaba a sus enemigos.

Carl Asuman, afirma que metáforas como estas «son fuerzas activas en el mundo», que tienen el poder para «engendrar algo».[6] Paul Ricoeur promete que las metáforas tienen «poder no solo para regenerar significados sino también para cambiar el mundo».[7] En otras palabras, ¡las metáforas proféticas todavía pueden potenciar a la iglesia de hoy!

El medio impreso

Pero entre tanto, sucedió algo...

Hace aproximadamente quinientos cincuenta años que Gutenberg inventó la imprenta movible. Aunque la invención en sí no fue nada del otro mundo, fue el catalizador de una revolución que ya estaba en curso.[8] Sin darse cuenta tomó las tendencias que influenciaban las máquinas, la lógica, y el individualismo y las lanzó a una nueva realidad que reinó hasta hace muy poco.

En realidad podemos atribuir la Reforma más a la Biblia de Gutenberg que a las tesis de Lutero. Las iglesias[9] reformadas de hoy en día son descendientes directas de esta revolución. Por supuesto, la palabra escrita existía mucho antes de la invención de Gutenberg. Pero cuando el medio impreso se convirtió en el dominante, todos hicieron fila para sacarle provecho. Los alfabetos secuenciales crearon conjuntos de palabras, los conjuntos de palabras crearon secuencias de ideas, las secuencias de ideas dieron cabida a la lógica y la lógica creó la sociedad.

Casi tan sencillo como eso.

Con la palabra impresa, las ideas podían guardarse en los confines de espacio y tiempo. Luego se podían cambiar de orden, añadírsele, comparársele, contrastársele, analizársele; engendrando libros sobre libros, sobre libros.

La iglesia cambió

A la verdad se le vinculó el racionalismo escolástico; ideas basadas en ideas, doctrinas cimentadas en doctrinas. El sermón cautivó el escenario utilizando comentarios *sobre* la Biblia en vez de la Biblia misma. La «Palabra» se convirtió en conceptos sobre conceptos; la fe en una conclusión intelectual, una idea común, una «razón» para vivir.

Por supuesto encontramos beneficios. La palabra escrita conoce sus puntos fuertes. La objetividad engendró una nueva ciencia y una nueva erudición. La historia escrita mejoró nuestra honradez y nuestra memoria. La habilidad de lectura otorgó autoridad al individuo y sacerdocio al creyente. También descubrimos que las lenguas y las leyes escritas se difundían bien, facilitando nuevos imperios y ejércitos ampliamente dispersos. Ciertamente «la pluma resultó ser más poderosa que la espada».

Pero, al final, los problemas surgieron en la «letra pequeña» del medio impreso. Los derechos del individuo se convirtieron en individualismo desaforado. Al Dios omnisciente, omnipresente, y omnipotente, a menudo se le redujo a una simple idea o lejano concepto. En sí, Dios era quien los autores y lectores decidían que era.

A pesar que la mente heroica y literal no destruyó por completo nuestros sentidos y símbolos, sí los subordinó. Para decirlo de forma más veraz, a nuestros sentimientos se les eliminó su humanidad y luego se les plasmó sobre árboles muertos.

El Verbo dejó de ser carne.

Mientras más estático, lineal, rígido y académico se hizo el medio impreso, más burocráticas se hicieron las directivas. A las leyes las substituyó el legalismo, a las obras de piedad los protocolos, y los altos honores se hicieron jerarquías.

Era una ley sin vida.

Las fuerzas de la imprenta continuaron en el mundo occidental hasta la década de los sesenta, cuando terminó su dominio. Hoy en día su aliento moribundo susurra un viejo paradigma, y sus iglesias «reformadas» jadean la misma anticuada canción.[10]

El medio electrónico

Aun antes de la penumbra de la imprenta potenciada, la era electrónica se presentó con la radio y luego transfiguró la escena con la televisión. Ya para la década de los cincuenta la televisión había plantado las semillas que terminarían por ahogar la tradición impresa.

Esta era la «era de la transmisión».

La poderosa élite introdujo una nueva «palabra» (con imágenes animadas) a las masas pasivas. La comunicación se convirtió en un monólogo agresivo, de uno a muchos, del poderoso al débil, del educado al crecientemente ignorante.

Muy rápido, el lenguaje de amplio alcance de la televisión se convirtió en nuestro «primer idioma», el modo de pensar dominante, parte esencial de nuestras vidas. Una nueva «palabra» visual le cerró la puerta a la anticuada lógica impresa y a su prima obediente: la retórica verbal. Un pastor visio nario admite: «El sermón tal y como lo conocemos está muerto».[11]

Ahora vivimos en lo que Doris Lessing llama una «cultura de los sentidos» un medio ambiente de sentidos y sentimientos. La emoción provee validez a los acontecimientos, los acontecimientos a la experiencia y la experiencia a la verdad. La «Palabra», mejor dicho, «¡sucede!» Penetra, empuja y graba nuestras pasiones.

Por tanto, en esta revolución favorecemos lo subjetivo antes que lo intelectual, lo revelado antes que lo razonable, y lo interno antes que lo externo. En esta nueva realidad preferimos la espiritualidad antes que la religión, el atractivo antes que las doctrinas, la sensualidad antes que la certeza.

Ya que el flujo de imágenes reemplaza a la «certeza», las realidades vorágines destronan a las ideas ordenadas. Es un mundo continuamente discontinuo.

Como el Jazz, como una composición de arte.

Por estas razones, la realidad se ha vuelto temporal, mutable, efímera. Fugaces imágenes televisadas diluyen el pasado y crean deseos inmitigables de «lo último y lo mejor». No en balde nuestros niños se pasean sin rumbo con menos y menos capacidad de atención. No en balde el incesante cambio de canales de televisión se ha convertido en un arte tan trivial.

Pero la televisión, por sí sola, no fue suficiente.

Una segunda reforma

Tal y como la imprenta, la televisión fue el catalizador de revoluciones que ya estaban en curso. Esta potenció corrientes que ya surgían. En el ámbito de lo espiritual, por ejemplo, se conectó con fuertes mares subterráneos de crudos sentimientos religiosos, y les dio forma y expresión.

Estas apasionadas corrientes submarinas (las cuales siempre van contra la cultura y fuera de la religión establecida) comenzaron hace décadas bajo el formato de una serie de estimulantes «avivamientos» que hasta hoy se devoran unos a otros.[12]

Pero no fueron los viejos llenos del espíritu los que hicieron la diferencia, sino la juventud desposeída de los sesenta (la primera generación criada con la televisión). Después de «encender la tele, emocionarse, y dejar sus estudios, muchos de estos rebeldes se convirtieron en los «fanáticos por Jesús» o cristianos hippies cuyos éxtasis espirituales resonaban con la juventud del mundo. Su idioma era la música y sus simples coros engendraron al movimiento de «adoración y alabanza» que más tarde afectó todas las formas del cristianismo.

En otras palabras, tres poderosas corrientes forjaron la nueva iglesia de los noventa: el poder espontáneo de los avivamientos, las tangentes rebeldes de los jóvenes de los sesenta, y la sensualidad superficial del medio televisivo.

¿Qué nombre le daremos a esta iglesia? En realidad, desafía toda descripción previa. No solo rehusa la etiqueta de protestante sino que también ¡se resiste a lo que normalmente denominamos «religión!» Se le ha llamado «posdenominacional», «carismática», «pentecostal», «independiente», «sin denominación» y «libre». Pero todos estos rótulos están pasando de moda. En los países subdesarrollados (donde se observa el mayor crecimiento de esta iglesia) no tienen ningún significado.

Algo tenemos por seguro, el movimiento es poderoso. Harvey Cox de la Universidad de Harvard lo cataloga de «profundamente liberador y potenciador» y de «el evento más importante en la historia religiosa desde la Reforma».[13]

Peter Wagner del seminario Fuller hace eco diciendo «es un asunto que no tiene lugar a discusión». Dice que esta nueva iglesia «se ha colocado a la vanguardia de la extensión mundial del reino de Dios»[14]

Lo sagrado dentro de lo profano

¿Cómo es esta iglesia?

Primero, es más individual que institucional, más independiente que dependiente, más personal que profesional. Sus miembros se asemejan más a «turistas explorando el terreno religioso, en búsqueda de fragmentos de verdad y discernimiento».[15] Es por eso que no puedes encontrar a esta iglesia en el anuario de las iglesias americanas y canadienses ni en los directorios del Consejo Mundial de Iglesias.

Segundo, ella habla el idioma de la cultura popular. Ciertamente, la arena movediza de la santidad secular hace las veces de ancla para este dividido movimiento. Ya el siglo XXI se había virado hacia la cultura popular, pero esta iglesia efectuó un viraje total.

Ella busca lo sagrado *dentro* de lo profano.[16]

Por último, esta iglesia se ve influenciada por el mercado... «sensible al consumidor». Cualquier cosa que «llame y mantenga la atención de una muchedumbre se percibe como algo de parte de Dios».[17] Como resultado, sus líderes de mercado persiguen un sueño de éxito basado en números de personas, el cual produce interminables productos de entretenimiento «preempacados».

Yendo más al grano: esta iglesia tiende a lo teatral. Sus líderes diseñan sus santuarios como si fueran teatros. La palabra de Dios es un «acto», o sea, la «encienden» con luces, sonido, música y sermones «encendidos». Por supuesto, las estrellas dominan el día, mientras que el «club de fans» escucha pasiva y vicariamente a sus ídolos espirituales.

«Los mejores tiempos-los peores tiempos»

El movimiento tiene tanto maravillosas características como lamentables faltas.

Para comenzar, los «odres nuevos» prometen refrigerio, sin embargo, si solamente se cambia la forma de empacar, se crea una adicción a lo «nuevo y mejorado». Claro que la libertad de un pasado irrelevante trae consigo alivio, pero ¿cuántas veces se nos «pasa la mano?» Aun así, la iglesia siempre debe contrarrestar la cultura. Pero cuando adoptamos una cultura secular, ¿cómo podemos, al mismo tiempo contrarrestar la misma?

Por supuesto que debemos alcanzar a los inconversos a través de un lenguaje popular, pero la espiritualidad popular, definida, debe estar acompañada de un placer fácil y simple. Muy a menudo, nuestra espiritualidad presenta una versión cosmética, neutralizada y comercializada de lo que en realidad es. Vamos a parar no solamente «en el mundo» sino que nos hacemos «del mundo». Entonces, la «carne se hace al mundo» en vez de que «el Verbo se haga carne».

¿Acaso se nos olvida el testimonio de Pablo? «Nosotros no somos de los que trafican con la Palabra de Dios».[18]

Aun así, debemos hacer correlación entre el evangelio y la realidad de la vida, a las necesidades inmediatas. Pero un medio influenciado por el mercado que solo crea «picazón» para el consumidor, traerá relevancia sin profundidad, egoísmo sin desprendimiento, dar bendiciones sin la bendición de Dios.

Está claro que los predicadores relevantes e inspirados no tienen nada de malo. Por supuesto, a menos que nuestra adoración no los haga los protagonistas. Siempre y cuando no nos atraigan sus cultos a individuos y nosotros participemos pasivamente desde nuestras bancas como si estuviésemos pegados al televisor. ¿Se nos olvidaron las lecciones de la Escritura y la historia? ¿Hemos pedido, una vez más, a otro ser nuestro mediador con Dios?

¿Hemos perdido, una vez más nuestro sacerdocio?

¿Carece nuestro gozo de esperanza y entusiasmo aun

cuando poderosos predicadores nos «instan a buenas obras»? Cuando alguien importante nos anima, ¿sabemos diferenciar las emociones espirituales, naturales y hasta las demoníacas? Al fin y al cabo, si damos «rienda suelta» de forma desapercibida a emociones que no tienen definición, ni patrones, ni advertencias, entonces podemos reclamar cualquier cosa en nombre de nuestros sentimientos.

Si un movimiento basa su teología en emociones, más le vale que sepa diferenciar entre las naturales, espirituales y las demoníacas.

Por último, debemos estar de acuerdo que la espontaneidad, la libertad y la franqueza de esta iglesia son ciertamente principios cristianos. La liberación de doctrinas hechas por hombres es bienvenida. Pero el adoptar la verdad «relativa» del mundo no es mejoría y el seguir la moralidad «libertina» del mundo no es adelanto. Si bien es cierto que el medio impreso proclamó una «ley sin vida» muchos de nosotros ahora proclamamos una «vida sin ley»

¿Durará esta nueva iglesia?

Solo en la medida que cambie.

---

1 Algunas de las ideas en este capítulo y el próximo fueron inspiradas por un proyecto literario escrito por Rex Miller. Para mayor información escriba a: Rex Miller, 2070 Cobblestone Lane, Reston, Virginia, 22091.

2 Mateo 26:26, Juan 9:6

3 Romanos 4:17, Isaías 46:10

4 1 Reyes 18:41

5 Juan 16:33

6 Carl Hausman, Metaphor and Art: Interactionism and Reference in the Verbal and Nonverbal Arts [Metáfora y arte: Interacción y referencia en las artes verbales y no verbales], Nueva York, Cambridge University Press, 1989, pp. 5,111,198.

7 Morny Joy, «Images: Images and Imagination» [Imágenes: Imágenes e imaginación], The Encyclopedia of Religion, 1987, ed., VII, 108.

8 Los diferentes medios de comunicación coinciden unos con los otros. Cuando los amantes a la lectura comenzaron a leer, lo hicieron en voz alta. Ni siquiera se les ocurrió poder hacerlo de forma silenciosa. Doris Lessing nos dice que el cambio a lectura silenciosa se llevó a cabo a lo largo de tres siglos y medio. En este siglo nos damos cuenta que los medios coinciden de forma similar, aunque más corta.

9 Iglesias protestantes, especialmente Calvinistas, diferentes a las Luteranas.

10 Wade Clark Roof, «God is in the detail: Reflections on Religion's Public Presence in the United States in the Mid-1990's [Dios está en los detalles: Reflexiones sobre la presencia pública de la religión en los Estados Unidos en plena década de los noventa], discurso frente a la Asociación para la Sociología de la religión, Washington, Verano de 1996.

11 Rvdo. David Bell, un visionario australiano.

12 Ejemplos de estos «avivamientos» incluyen a: los avivamientos campañas de campamentos de la frontera americana, el movimiento de santidad, el movimiento pentecostal, el movimiento lluvia tardía, el movimiento Vinyard [La vid], la bendición de Toronto, y el avivamiento de Pensacola.

13 Cox, p156

14 C. Peter Wagner, «The New Apostolic Reformation: The Search to Name a Movement« [La nueva reforma apostólica: en búsqueda de un nombre para un movimiento], Ministry Advantage, Vo. 6, N° 4, Julio-Agosto, 1996, (publicado por Fuller Theological Seminary) p. 4.

15 Roof.

16 Donal E. Miller, «New-Paradigm Churches in the Twentieth Century», [Iglesias con nuevos paradigmas en el siglo XX], Ministry Advantage, Vol. 6, N° 4, Julio-Agosto, 1996 (publicado por Fuller Theological Seminary) pp. 1-3.

17 Henry Jauhiainen, «A Pentecostal/Charismatic Manifesto», [Un manifiesto carismático-pentecostal], Twenty Centuries of Christian Worship, Robert E. Webber, editor, Vol. II, p. 337.

18 2 Corintios 2:17

3. Hacia dónde vamos

El futuro digital

Una vez más, un nuevo medio mueve una nueva forma de sentir, una nueva promesa impulsa un nuevo paradigma. Un nuevo estilo siembra una nueva semilla. Los resultados serán inevitables y «muy distintos de la iglesia electrónica que conocemos a través de la televisión».[1]

Los futuristas por lo regular combinan la tecnología de radio, televisión y computadoras para crear un solo medio electrónico. Sin embargo, Rex Miller claramente ve una diferencia fundamental entre la era «electrónica» y nuestro futuro «digital». Fue su visión la que inspiró este capítulo.

La primera red de computadoras apareció cerca de 1969. Luego la década de los 80 consideró la tecnología digital como la fuerza impulsora del futuro. Ya para 1994, la Word Wide Web había echado raíces, y hoy esta nueva tecnología hasta afecta la bolsa de valores en muchos países.

En otras palabras, el fundamento se movió antes que una generación completa creciera con este nuevo modelo.

Los líderes eclesiásticos, en su mayoría, perdieron esta oportunidad puesto que solo ven la propaganda sobre lo que parece ser maquinaria de oficinas glorificadas. Es cierto que la mayoría de lo que escuchamos sobre la autopista de la información sea simple propaganda hoy, pero para el futuro será inadecuado. A lo mejor parezca ser un vago asunto del futuro, sin embargo, cambiará la iglesia totalmente.

Los historiadores del futuro quizás escojan al año 2000 como el momento decisivo. Cualquiera sea el año, el Internet ya se erige como una metáfora de lo que pronto amplificará la voluntad y propósitos humanos de forma exorbitante y a escala global.

¿Cómo será esta nueva iglesia?

Ya lo sabemos.

Enemigos naturales

Tal y como el nacimiento de los medios electrónico y de imprenta, las computadoras también han potenciado corrientes que ya estaban en curso. Como la juventud de los 60 en su tiempo, la juventud de los 90 representa estas corrientes. La generación de la «posguerra» se ha olvidado de la forma en que la sociedad rechazó el movimiento juvenil cristiano de los 60 y los 70. Y así, una vez más, los líderes de iglesias están malinterpretando corrientes ideológicas y arriesgan perder la juventud de hoy.

Olvidamos que los instintos y deseos de los jóvenes de los 60 son predominantes en las iglesias de hoy. No nos percatamos que las ideas radicales de los rebeldes posguerristas son ahora mera rutina. Aun así continuamos forzando nuestro posmodernismo sobre la juventud de los 90 justo ahora cuando el posmodernismo puede estar desapareciendo.[2]

Hacemos alarde de nuestras creencias hippie y de la «nueva era» justo cuando estamos en el umbral de una era poshippie.[3]

Los jóvenes de los 90 no son los de la generación de posguerra. En realidad, la juventud y los líderes de iglesia de hoy ¡son enemigos naturales! La subcultura de los jóvenes deplora los valores de la generación de posguerra. Desprecia el narcisismo sentimental de sus líderes de la nueva era. Detesta lo vacío de su espiritualidad comercializada. Como resultado, vocifera una hostilidad visceral hacia cualquier institución de la previa generación que le imponga qué creer.

Por su parte, la generación de posguerra se mofa de los vídeos y películas vulgares e irreverentes de los jóvenes. Esconden su rostro en señal de disgusto en presencia de sus ropas poco atractivas y agresivas, al igual que de sus tatuajes y de sus zarcillos de nariz. No toleran ni la desfachatez atrevida ni la arrogancia de estos «haraganes» sin compromiso.

Esta mutual antipatía es más que una brecha generacional. Representa un cambio de paradigma, un malentendido total. La generación de posguerra no ha logrado ver las penas ocultas de la primera generación de niños que regresan de la escuela a casas vacías, los sufrimientos de sus hogares comúnmente en pedazos, o lo absurdo de la televisión como padre adoptivo.

La generación previa ha olvidado que estos chicos son los primeros en sentir de lleno la ausencia de absolutos morales, los primeros en ser privados de su carácter y sin duda los últimos en confiar en la religión institucionalizada.

La generación de posguerra obvia el hecho de que estos chicos crecieron durante un tiempo de dificultad económica, que están desempleados o malempleados y que no hay forma que puedan financiar los pagos de seguridad social de sus ancianos.

No es de extrañar que la juventud esté enojada, destrozada, sola y sin raíces. No es de extrañar que exhiban un cansancio global que no es cónsono con su edad. No es de extrañar que tengan tanta dificultad con la versión del éxito que presenta la previa generación.

Pero... ¡los jóvenes de los 90 saben algo! Saben de un futuro del cual los de la previa generación no tienen la menor idea. Se han adueñado de una espiritualidad (aunque diferente y extraña) que es mucho más profunda que la de sus mayores y se desenvuelven de forma fácil y segura en el idioma y el aprendizaje de la era digital.

La generación de la posguerra algún día les pedirá perdón.

La canción del Señor en una tierra extraña

Si la iglesia ha de cantar su canción en el nuevo milenio, primero debemos oír los temas que hacen eco entre las corrientes juveniles y la tecnología digital. Puesto que los mismos sonidos que ahora resuenan a través de los movimientos juveniles de los 90 y en la era digital, también resonaron en la iglesia del primer milenio. Es un nuevo conocimiento, una nueva creatividad, una nueva comunidad, una nueva libertad y una nueva autoridad.

Como los hebreos de antaño, la juventud de hoy mide el conocimiento con la experiencia. A menudo sus cuerpos saben antes que sus mentes; tienen más conocimiento espiritual.

En resumen, no ven distinción entre el espíritu y el cuerpo, la mente y las emociones.

Por ejemplo, en lugar de datos obligados, prefieren la cruda experiencia. En vez de doctrinas tradicionales, desean sensaciones nuevas. En vez de lóbulos cerebrales izquierdos, anhelan mundos multisensoriales.

Sin embargo, todavía buscan a Dios, ¡aunque no en los lugares tradicionales! De hecho, sus experiencias espirituales más significativas las encuentran en la cultura popular. Las metáforas proféticas, imágenes al azar, visiones implícitas, y comuniones sin fin en sus filmes, vídeos, discos compactos y diálogos en el Internet, les proveen una experiencia similar a la iglesia: emocionante, inspiradora y hasta protectora.

(En realidad, su mundo ha demostrado ser mucho más espiritual que la previa cultura popular de la generación de posguerra).

Algunas corrientes en el manantial secular de hoy en día «son suficiente para comenzar a cimentar una nueva teología para y acerca de una generación».[4] El hecho de que sus imágenes se presenten irreverentes y agresivas son más la evidencia de un anhelo que de un rechazo de la fe.

En todas estas nuevas imágenes, la juventud de hoy ve algo que muchos pasaron por alto: intuitivamente saben que el «lenguaje» del lenguaje ha cambiado para siempre. Ya no les importan los códigos y clichés religiosos. Rechazan los «cinco pasos hacia la victoria espiritual» a los cuales les forzó la generación previa. Puesto que ellos consideran obsoleto al pensamiento secuencial y las palabras lógicas una forma de manipulación.

La mayoría de los eruditos posmodernos están de acuerdo.

Las iglesias influenciadas por el mercado han reemplazado este problema con una espiritualidad de escenario, pero a estos jóvenes teleeducados los enferma esta propaganda impropia. Ya sus líderes no pueden venderles el último comercial de la nueva era, puesto que la juventud de hoy ya avista el final de lo que ellos llaman «espiritualidad de cóctel».

Evidentemente, se necesita una nueva forma de predicar la palabra. Es claro que la iglesia necesita alcanzar a la juventud. Necesita a aquellos que lleven el evangelio hasta el nuevo milenio.

Afortunadamente el futuro puede llenar estas necesidades. La era digital muy pronto presentará un mundo de medios múltiples, de sensaciones múltiples y de realidad virtual diseñado especialmente para la juventud de hoy y su nuevo lenguaje: el lenguaje de la metáfora profética.

La iglesia puede aprender a «cantar la canción del Señor en una tierra extraña».[5]

Una nueva creatividad y una nueva comunidad

Los jóvenes entienden de forma instintiva que ¡Dios es el gran Creador y no el gran imitador! En esta verdad encontramos otro ejemplo de las corrientes armónicas que existen entre los chicos y las computadoras.

La juventud de hoy tiende de lo rutinario, aburrido y predecible a lo imaginativo, vigorizante e innovador. Por ejemplo, prefieren establecer sus propios negocios en vez de sentarse detrás de un simple despacho en una gran corporación. Una vez más, son hijos de su propio tiempo, puesto que la era digital es una economía basada en la innovación. Las ideas ingeniosas y el entendimiento creativo son sus productos. Aun el medio habla el lenguaje de la creatividad. La realidad virtual, como la fe misma, constantemente «llama las cosas que no son como si fuesen».

De la misma forma, su comunidad también refleja la comunidad digital venidera, ya que la cultura popular es su comunidad y sus semejantes son su congregación. Como ejemplo, ellos han rechazado la adoración pasiva y de espectadores, propia de la generación previa, al igual que su ilusoria comunidad de «adictos» a la televisión. A cambio, exigen participación, diálogo e interacción.

Y esto también apunta a la era venidera puesto que su nueva «comunidad es su nuevo producto»[6]. Dejamos atrás el medio de transmisión de individuo a masas y estamos entrando al medio digital de individuo a individuo. La «interacción», «colaboración», y el «diálogo» son las nuevas palabras de moda. Intereses comunes ahora atraen a los jóvenes a comunidades comunes.

Esto tiene algo de espiritual. La idea de que podamos vincularnos los unos a los otros en otro espacio es inherentemente espiritual. El concepto de una «red de compromiso» formada por individuos aliados es ciertamente cristiano. Por primera vez, el «cuerpo de Cristo» prometido tiene el potencial de ser global.

Una nueva libertad y una nueva autoridad

La libertad es otro tema debatido. Los jóvenes están destinados a romper las barreras del tiempo, el espacio, la geografía, sexos, y generaciones. Si les dan la oportunidad harán lo que les toca y el Internet les dará esa oportunidad. Se sienten cómodos en un mundo étnicamente diverso y detrás de un monitor de computadora, piensan lo que quieren y son lo que quieren.

Su música, por ejemplo, obtiene su energía de la ruptura de las barreras del espacio y el tiempo. Fácilmente estilos populares pasados le dan la sincera bienvenida a una variedad de tradiciones globales. De forma similar, el Internet entrará a los mismos senderos excluidos, invadirá las mismas áreas restringidas y cruzará las mismas fronteras prohibidas. Alcanzará a cualquiera, dondequiera, en cualquier lugar y de cualquier forma. O quizás, modelando a la nueva iglesia, alcanzará almas «diferentes» en lugares «diferentes» en tiempos «diferentes» en formas «diferentes».

Y por último, podemos comparar a las computadoras y a los chicos en el nuevo cambio de poder. Quizás esto sorprenda a la generación de posguerra, pero ¡los jóvenes están en control! Esta es la primera generación que creció con computadoras, y forma una red global de jóvenes empresarios que saben cómo establecer negocios de forma rápida y cómo manejarlos económicamente. A decir verdad, una persona de veinte años de edad, que se sienta cómodo con esta nueva tecnología, tiene más probabilidades de cambiar el mundo que muchas corporaciones.

Ellos serán los líderes de la nueva cibercultura, los gurús de la ascendente cultura de los superdotados.

En la era digital, cualquiera puede ser un promotor de innovación y cambio. La facilidad en el nuevo medio tiene más poder que el tamaño y la cantidad. Ciertamente, cuando un grano de arena (silicio) tiene grabada la innovación en su superficie, este vale más que una onza de oro.

En este cambio de paradigma, las grandes instituciones de la previa generación se convertirán en cargas ineficientes. En cambio, ¡los jóvenes tendrán el futuro en sus manos digitales!

La entrada al nuevo «lugar santísimo»

Si la iglesia puede abrir los corazones de la juventud de hoy, también puede abrir las puertas al nuevo milenio. Pero esta «apertura» tiene que ser bajo las condiciones de la juventud misma. Y sus condiciones requieren que la iglesia del futuro entre a un nuevo «lugar santísimo».

Para alcanzar a esta juventud, primero debemos sentir su profundo dolor. Debemos conocer sus almas alienadas y atormentadas como la fuerza impulsora de sus vidas. Al fin y al cabo, ellos conocían el sufrimiento como una experiencia espiritual mucho antes de que la generación de posguerra considerara la idea. Por último, debemos reconocer que de verdad están buscando de Dios, pero en una forma totalmente nueva y con un lenguaje totalmente diferente.

Aun así, su búsqueda de comunidad representa su necesidad más urgente. En realidad, nunca superaron sus hogares destrozados. Ellos anhelan un sentido de pertenencia y la iglesia hace bien si responde a sus necesidades.

Pero responder a sus necesidades no significa un programa adicional. A los «programas» y a cualquier cosa «organizada» los miran con sospecha. Es cierto que reciben la honradez y lo auténtico (en cualquier formato) con los brazos abiertos, pero han aprendido a tener sospecha de las instituciones y de las autoridades.

Ya han probado mucha pretensión y actuación. Al fin y al cabo, el cristianismo no es un programa, no es una directiva, ni una jerarquía, ni una denominación, ni un edificio, ni una junta de gobierno. Estas verdades nos deben hacer recapacitar.

Los jóvenes quieren que la iglesia *sea* la iglesia y no algo que no es o una copia falsa de la versión de lo que pretende ser. Ellos quieren una comunidad fundada en relaciones de amor en vez de argumentos doctrinales. Quieren una comunidad sensible a sus múltiples fases de crecimiento, aprendizaje y ministerio, en vez del anonimato de los programas preferidos de la generación previa.

Quieren una comunidad flexible con alianzas que trasciendan todas las denominaciones, tradiciones y cultura. Quieren adoración, entretenimiento y enseñanza en *cualquier lugar* (¡aunque no necesariamente en la iglesia!) y en *cualquier momento* (¡aunque quizás no el domingo en la mañana!).

Mensajes trascendentales

Si la generación de la posguerra es tan diferente de la juventud de hoy ¿cómo se comunicarán?

Primero, la generación de la posguerra debe ser auténtica. Tienen que creer verdaderamente lo que dicen y lo que dicen debe tener relevancia con las vidas de los jóvenes. De la misma forma, deben relacionarse con la juventud sin altivez ni manipulación, tratarlos como individuos en vez de como la «generación X» o cualquier otro título. Los jóvenes buscan una aceptación «de fácil manejo», sin culpa, vergüenza, ni jaulas. En resumen, quieren una relación *recíproca*, quieren participar e interactuar.

Luego la generación de posguerra debe aprender a hablar el lenguaje de la juventud, el lenguaje de la cultura popular en la vanguardia. Pero desde ese lenguaje, la generación previa debe comunicar imágenes, palabras y acciones trascendentales que conlleven un mensaje *implícito* en vez de *explícito*. En otras palabras la juventud quiere la oportunidad de ser inspirada a sacar sus propias conclusiones.

Estos mensajes «implícitos» prometen devolver el arte a las iglesias. Prometen la reaparición del poeta-profeta. Perciben el redescubrir de la metáfora profética. Y los jóvenes escucharán estos mensajes. Le prestarán atención a la inspiración, a la espontaneidad y a la trascendencia, lo extraño, lo incesantemente fresco y nuevo.

Puesto que ellos piensan en imágenes fluidas ultrarrápidas. Se sienten cómodos en medio ambientes de medios múltiples y de sensaciones múltiples. Es más, pueden asimilar más información, en menos tiempo y con menos confusión que sus mayores de la generación previa. La razón es que han aprendido a experimentar la verdad, en vez de simplemente hablar sobre ella.

Un espíritu aventurero

Por lo tanto, la adoración debe reflejar el mismo respeto, relevancia, oportunidad y compenetración. Esto quiere decir un servicio honrado, controlado por el Espíritu Santo en vez de alguna autoridad. Un servicio con más humildad que propaganda, un servicio con más intimidad con Dios que sujeción a una institución.

Significa un ambiente seguro y amoroso, sin amenazas ni vergüenza. Significa un ambiente de «familia» sin desdeño de parte de los mayores. Significa oportunidad para reflexionar y crecer sin presión ni manipulación.

Su adoración se rige por la congregación: participativa e

interactiva. Se involucra con el resultado y tiene un toque personal. Se recibe cualquier otra cosa entre tanto sea corto, excelente y mientras no interrumpa el flujo de la adoración participativa.

Durante toda la experiencia, quieren estar a la expectativa. Quieren una adoración que se mueva de forma casi impredecible y espontánea. La variedad es su punto común, con sensaciones, medios, dimensiones y culturas múltiples. En resumen, quieren su lenguaje, su estilo, su ambiente, pero con una vuelta asombrosa.

Es el espíritu aventurero.

Una relevancia que continúa

¿Ve la iglesia las señales de nuestro tiempo? La juventud está protestando todo lenguaje religioso que se ha estancado. Rechazan la errónea idea de que «Dios nunca hace nada nuevo». Y rechazan también cualquier esfuerzo religioso que se les imponga sin alternativa.

No se equivoquen. *Algo* harán y tendrán el poder para hacerlo. Dentro de diez años la mitad del mundo serán adolescentes y tendrán más en común con sus semejantes alrededor del mundo que con sus mayores de la generación previa. La verdadera división no será entre los que tienen y los que no tienen, ¡sino entre los jóvenes y todos los demás!

La juventud de los 90 ya habla un lenguaje digital. Es su lenguaje. Pronto producirán en sus computadoras portátiles monografías en vídeo completamente animadas. Entonces, debemos dar por sentado que serán los innovadores, los pioneros de la era digital.

Además de sus habilidades en la computadora, tienen dones especiales para el nuevo siglo. Están mejor informados que la previa generación y no le temen a la diversidad o al cambio. También han demostrado ser fuertes y resistentes y (a pesar de sus sufrimientos) antes de comenzar ya serán mayores y más sabios.

¿Está la iglesia preparada para ellos? Esta no es una simple corriente filosófica. Al fin y al cabo, existe una diferencia entre las «corrientes» y las «transformaciones». Las corrientes simplemente desconectan el momento, mas las transformaciones destrozan clichés y confrontan simples realidades con nuevas revelaciones.

Ningún líder de iglesia quiere sufrir el trauma del cambio, sin embargo, hay ocasiones cuando Dios altera el curso de la historia. Y cuando esto sucede, es menester que todos se deshagan de su exceso de equipaje, de sus preciadas tradiciones, de su lenguaje gastado y de su privilegio y poder. Ya que lo que hizo al ministerio eficaz en el pasado lo perjudicará en el futuro.

A nadie le faltan pies de barro. No es suficiente que las tradiciones pasadas alcancen a las corrientes que pasan. La iglesia debe cambiar o morir.

Y aun con el cambio, existe un desafío, puesto que la era digital promete tanta tragedia como triunfo. Sin embargo, si la teología de un nuevo milenio puede cimentarse en principios cristianos, esto nos promete la victoria tan esperada.

---

1 David Lochhead, *Theology in a Digital World* [Teología en un mundo digital], United Church Publishing House, United church of Canada, 1988, p.54.

2 Sarah Means cita al teólogo y autor británico Os Guiness en «Postmodern Church Targets Generation X in Seattle» [Iglesia posmoderna concentra sus esfuerzos en la generación X en Seattle], The Washington Times, http://www.washtimes.com:80/culture/culture2.html. (Además, Guinness me escribió una carta diciendo: «Solo las filosofías positivas perduran y el posmodernismo es radicalmente negativo. Sobre él no se puede edificar o sostener una familia, universidad, o nación, por lo tanto, sencillamente, no puede perdurar». Entonces, al considerar las corrientes que prometen un lenguaje del futuro nuevo y poderoso —lo que llamo, metáfora profética— podríamos estar hablando de un «pos-posmodernismo».)

3 «New Age» [La nueva era], artículo de Internet, localizado en atl.culture, http://www.pathfinder.com/alt-culture/aentries/n/newxage.html.

4 Jon Katz, «Can Religion Go Interactive?» [¿Puede hacerse interactiva la religión?], Internet, Agosto 6, 1998, http://www.hotwired.com:80/synapse/katz/98/31/katz3a_text.html.

6 Salmo 137:4

7 Alt.culture, Internet, http://www.pathfinder.com/altculture/aentries/i/internet.html

II. La promesa

4. «Promesas extremadamente maravillosas»
Dar autoridad para dar autoridad

«Nos enfrentamos a la reestructuración creativa más profunda de todos los tiempos».[1] Estas palabras de Alvin Toffler hacen también eco en los pensamientos de Harvey Cox de Harvard: «Encontramos evidencia de una nueva fase de la historia en prácticamente todo campo del esfuerzo humano».[2]

Incluir a la iglesia.

Charles Arn, especialista en crecimiento de iglesias percibe un nuevo paradigma que redescubrirá la vida, un nuevo lente que reinterpretará al mundo.[3] El erudito de la nueva era Rex Miller percibe un nuevo medio el cual redefinirá la sociedad y cambiará la forma en que adoramos.[4] Y el teólogo canadiense David Lochhead ve una nueva conciencia que revisará la realidad.[5]

«Súpermoda», «metamorfosis», «cambio dramático», «poder catastrófico», a los historiadores les faltan superlativos. Pero todos están de acuerdo en que este cambio, como una fuerza de la naturaleza, ¡es irreversible, incontenible!

También están de acuerdo que hemos entrado a un tiempo en que percibiremos la vida de forma menos racional y más intuitiva, menos analítica y más integral, menos literal y más metafórica. En resumen hemos cambiado de una religión intelectual a una espiritualidad personal, de un Dios de filosofía a un Dios de profecía, de un Dios de apologética a un Dios de Apocalipsis.

Ciertamente, el historiador William Irwin Thompson se refiere a nuestro tiempo como «una evolución espiritual». Él dice que esta «evolución espiritual» está creando las nuevas tecnologías de la era digital, es la comadrona en el nacimiento de una nueva humanidad.[6] En otras palabras, la tecnología no está engendrando un nuevo espíritu, sino que el Espíritu está engendrando una nueva tecnología.

¡Iglesia despierta!

Algo está dando cabida, más y más, a visiones inspiradas en campos tales como la física, biología y astronomía. De la misma forma los artistas son testigos de un futuro muy diferente al materialismo de la era industrial. Más y más, una conciencia espiritual está alcanzando su punto crítico en el misterio del nuevo milenio.

En resumen, el Señor de la historia está dando autoridad a la nueva iglesia.

Senderos de ganado pavimentados

Pero la mayoría no lo puede ver. Para el cínico, por ejemplo, un «ministerio con computadoras» no tiene sentido. «Una teología de computadoras puede existir tanto como pueda existir una teología de abrelatas».[7] «En resumen, ¡el "ciberespacio" es una moda tonta! Y en cierto sentido estos escépticos tienen razón. Como fue admitido anteriormente: «La autopista de la información quizás es, hoy en día, en su mayoría propaganda, sin embargo» —nos insiste Nicholas Negroponte— «no describe *adecuadamente* el mañana. Sobrepasará las más ambiciosas predicciones».[8]

Aun así: «¿Cómo pueden los "bytes" y "caracteres" ser más valiosos que las bananas?» «Al fin y al cabo vivimos en un mundo material. Necesitamos comida, ropa, refugio y todas las otras cosas de la vida. Ciertamente, las necesidades materiales forman el fundamento de nuestra economía». Y esto también se cumple si miramos al pasado. ¡Mas despertad! Anoche las cosas «inmateriales» se convirtieron en la *nueva* economía.

¿Por qué estamos tan ciegos? ¿Por qué no podemos ver todo esto que nos rodea?

Porque confundimos la tal llamada «era digital» del presente con la *verdadera* que está a la vuelta de la esquina. Para algunos de nosotros, las computadoras son simplemente herramientas de negocios, máquinas de escribir mejoradas, archivadores virtuales, calculadoras más eficientes. Cuando más, innovadores piadosos se interesan un poco en Biblias en discos compactos, sermones en procesadores de palabras, correo electrónico, o en las redes de computadoras tradicionales. Usualmente lo que hacemos es automatizar las viejas formas de hacer las cosas. Como si pavimentáramos los senderos por donde pasa el ganado. Solo ponemos un tipo de tecnología sobre el otro.

Por último, algunos de nosotros odiamos las computadoras. En vez de «fácil de usar» percibimos a este invasor digital como «amenazante». De verdad lo consideramos la vil encarnación de todo lo que la iglesia rechaza: la mente intrigante sin corazón, el mundo automatizado sin libertad. Y como en la torre de Babel, creemos que ¡Dios ciertamente castigará a todos estos mocosos cibernéticos que pretenden ser dioses!

La proyección del presente

Pero el asunto no es ni siquiera la moralidad de las computadoras. La cruda realidad es que están aquí. Y ya no tienen que ver solo con transacciones ¡sino con la vida misma! Cambiarán a la iglesia y al mundo de manera rápida.

Negroponte se percató de que el Internet crece un diez por ciento por mes. Él comentó que a este paso, el número total de usuarios del Internet podría superar (si esto fuese posible) la población mundial para el año 2003.[9] En términos seculares, el Internet será «el centro del universo», predice Dennis Jones, Jefe de Informática de Federal Express.

¿Cómo será este nuevo universo? ¿De qué forma cambiará la iglesia? Podemos descubrirlo al proyectar nuestra experiencia actual. En medio de cambios caóticos aparecen pistas proféticas, surgen patrones implícitos. La verdad de Dios nunca cambia, mas la nueva iglesia reflejará lo que vemos y oímos en las corrientes de la cultura actual.

Por ejemplo, las palabras de moda gritan «innovación», «velocidad» y «poder».

En otras palabras, la computadora, es ante todo una creación sin fin de innovación, puro potencial y perspectivas sin límite. En resumen, una «máquina de posibilidades», cuyo límite es solo nuestra imaginación. Hará básicamente lo que queramos que haga. Será lo que queramos que sea y lo hará a la velocidad de la luz. Sin embargo, más a menudo oímos la palabra «potente». Puesto que la computadora representa la tecnología máxima, aquella que completa y llena todas las otras tecnologías. Lochhead dice lo siguiente:

«Nuestro siglo ha visto el desarrollo de por lo menos tres "grandes tecnologías": tecnología nuclear, ingeniería genética y las computadoras... el poder para destruir el cosmos... la capacidad de rediseñar la vida... y una extensión del cerebro...

máquinas que nos permiten «hacer el papel de Dios».[10]

Información para el mundo

«Hacer el papel de Dios, por supuesto, acarrea graves peligros. Sin embargo, Pablo dijo: «*Imiten* a Dios (cópienlo y sigan su ejemplo), como hijos muy amados». Y Pedro asintió: «Así Dios nos ha entregado sus preciosas y magníficas promesas para que... (nosotros) lleguen a tener parte en la naturaleza divina».[11]

Nunca antes se le había dado a la iglesia tal oportunidad para cumplir su naturaleza divina. Pues esta era engendrada por el Espíritu ¡engendra Espíritu! La misma dinámica que define la era digital también define a la iglesia con un nuevo conocimiento, una nueva creatividad, una nueva comunidad, una nueva libertad, una nueva autoridad. Si decimos que la iglesia no tiene nada que ver con esta dinámica, ni las herramientas que la hacen posible, ¡es negar la iglesia misma!

Examinemos estas corrientes y cómo le darán autoridad a la iglesia.

Primero, la información digital es más que simples datos. «Incluye no solamente (información) lógica y aparentemente sin emoción, sino también valores, productos de la pasión y la emoción, como también la imaginación y la intuición».[12] En otras palabras, la información, cuando es valorizada, se hace conocimiento y el conocimiento sabiduría.

La computadora ahora es la convergencia de tres industrias: computación, comunicación y contenido. Pero las mayores ganancias surgen del contenido... propiedad intelectual... significativo.[13] «El hecho de que es conocido que la revista *TV Guide* ha tenido más ganancias que las cuatro redes de televisión combinadas, nos sugiere que el valor de la *información sobre la información* (conocimiento) es mayor que el de la información misma».[14] Hoy más que nunca, el conocimiento es el recurso central de la economía mundial. Más que nunca, el conocimiento es poder. Más que nunca, la inteligencia, no la fuerza, crea valor.

Pero la iglesia siempre ha sido un «proveedor de información». Durante gran parte de la historia, el conocimiento fue lo que la iglesia presentó que fuera. Ahora, en la «era de la información» la iglesia debe continuar comunicando las «Buenas Nuevas» pero en un ámbito mucho mayor.

Creados para crear

Segundo, la nueva economía está basada en la innovación, un paradigma centrado en lo creativo. Por lo tanto, «la imaginación humana se convierte en la principal fuente de valor».[15] En realidad, hoy «la única ventaja competitiva sostenible es la innovación».[16] ¿Por qué? Porque las feroces fuerzas competitivas impulsan una matriz de ideas inventivas y conceptos creativos que cambian constantemente.

Pero la creatividad también hace las veces del fundamento de la fe. Nuestro Dios es un Dios creador. Y su nueva creación ya es, pero todavía ha de ser. A través de la profecía inspirada Dios proclamó a Isaías: ¡Voy a hacer algo *nuevo*!... Las cosas pasadas se han cumplido, y ahora anuncio cosas nuevas». En realidad, el mismo nombre de Dios refleja creatividad. En su respuesta a Moisés Dios se llamó: «Yo seré el que seré».

Más específicamente, nuestro Dios creador nos creó a su imagen. Esa es la razón por la cual encontramos el tema de la creatividad por toda la Biblia. El «lenguaje religioso de la Biblia no describe lo que es», de acuerdo a Harvey Cox, sino más bien, «lo que ha de venir». Y este «desarrollo» define el proceso creativo. Por ejemplo, lo encontramos implícito en el propio significado de la fe, la meditación, y la profecía.

Al fin y al cabo, la fe anticipa lo que ha de ser. Mira hacia «las cosas que no se ven» y «percibe» las cosas que esperamos. Y luego le da «sustancia» a la visión.[17] Pues si la fe carece de hechos y acciones que la apoyen, declara el apóstol Santiago, no tiene poder. Centrándonos en la misma creatividad, la meditación crea sus visiones contemplativas en un diálogo con Dios. Y la profecía hace lo mismo pero comparte sus visiones con otros. Como resultado tanto Isaías como el salmista nos instan: «Canten al Señor un cántico *nuevo*». Una verdadera obra cristiana, dice Dorothy Sayers, «es la creación de algo nuevo». En resumen, ¡fuimos creados para crear!

El «cuerpo de Cristo» definitivo

Luego, el ambiente digital es un ambiente comunitario: «El verdadero valor de una red tiene menos que ver con la información y más con la comunidad. La autopista de la información es más que un atajo para conseguir libros en la biblioteca del congreso. Está creando una estructura social nueva y global.[18]

En definitiva, la computadora comunica y su comunicación crea comunidad. En esta comunidad, una «red armonizante» de individuos que unen sus intereses en común para formar redes de interacción e interdependencia intrincados. Si pudiésemos «ver» el ciberespacio, se vería «como una red de pescar enmarañada con una multitud de nódulos de diferentes tamaños, cada uno vinculado con los otros directa o indirectamente».[19]

Pero esta es una nueva comunidad, un nuevo grupo afín. Es una comunidad a lo lejos que trasciende la distancia. Es un ambiente sin ambiente. Es una nueva generación liberada de los límites de la cercanía como fundamento para la amistad, el trabajo en equipo, el juego y la vecindad.[20]

También tiene un nuevo lenguaje global. «El inglés se convertirá en el idioma de torre de control por excelencia»[21] Y aun con idiomas foráneos, el idioma actual seguirá teniendo «caracteres» universales. Aplicando metáforas eclesiásticas a la economía secular, Don Tapscott escribe: «Todos pueden usar el mismo himnario».

Y por último este grupo afín es una nueva familia. «En su riqueza de oportunidades de mutua ayuda y apoyo, la red se asemeja a su antepasado, el sistema familiar. Sin embargo, esta «familia» se formó de valores arraigados y comunes, de lazos más fuertes que los consanguíneos».[22]

Respondiendo a aquellos que creen que la computadora destruirá la comunidad, Negroponte afirma: «Cara del círculo comunitario un círculo más cerrado en ambos sentidos de la palabra. Más cerrado en el sentido de un vínculo, y más cerrado en el sentido de un círculo más pequeño».[23] Riel Miller afirma: «Será una era de contacto "asertivo" como lo era en los pueblos pequeños».[24] Y Tapscott escribe: «A diferencia del Walkman, una revolución tecnológica que produjo aislamiento, la próxima ola será sobre comunidad, comunicación y el intercambio de lo que conocemos».[25]

Por supuesto, la iglesia *es* comunidad. Dondequiera que corazones se unan bajo el señorío de Cristo tendremos la iglesia. Pero esta es una nueva iglesia, una iglesia cibernética, una cultura sagrada de telecomunicación. Como la iglesia con nuevos paradigmas que describe LaMar Boshman. «Hace vínculos con redes afines a través de un lazo que es *espiritual* en vez de organizacional o legal».[26]

Luego en el sentido más veraz de la famosa frase de Pablo, este lazo espiritual se convierte en el «cuerpo de Cristo» definitivo. El Internet es como una «extensión del sistema nervioso central... conectando diferentes partes del cuerpo».[27] Y cuando se unan todas las computadoras del mundo, la red en sí se convertirá en una computadora gigantesca, mucho más poderosa que cualquier individuo. En otras palabras, esta extensión del cuerpo crea una sinergia donde «dos o más se unan para alcanzar un resultado que nunca hubiesen podido alcanzar solos».

¡Pablo estaría emocionadísimo! La iglesia universal ya no es una idea abstracta.

«Poder en nuevas manos»

Por último, la era digital proclama una nueva libertad y una nueva autoridad. La iglesia ha sido víctima de tiranías ocultas por años, pero ahora las puertas se abren a una nueva libertad y una nueva latitud. La iglesia no solamente es libre *de* algo sino también libre *para* algo. Como ejemplo, a continuación vemos de lo que fue liberada:

En el santo Imperio Romano, el papel del clérigo se hizo más fuerte, central, e incuestionable. Esta era una posición de alto rango la cual tenía total autoridad. Por ejemplo «rector» quería decir «gobernante». Y el resto de la historia de la iglesia, incluyendo la protestante, revela la misma deprimente historia. «Durante mil años del cristianismo, las iglesias crearon un sistema autoritario controlado por el clérigo. Un sistema clerical que ahora distorsiona las relaciones de poder».[28]

¿Por qué? Porque las jerarquías de dominio y control tienden a concentrar el poder en las posiciones de alto rango. Los vínculos institucionales se convierten fácilmente en fraternidades forenses. Las castas clericales elitistas a menudo guardan ilusiones de espiritualidad profesional, y los agentes de poder autoritario usualmente manipulan sus programas de intereses investidos.

Todo esto, por supuesto, es la antítesis del cristianismo.

También es la antítesis de la era digital. «La tecnología de computadoras es profundamente anti autoritaria».[29] Su insurrección ya aparece en la nueva economía, pues «la corporación como la conocemos se está desintegrando».[30] El antiguo modelo del control en las posiciones de alto rango es obsoleto. Negroponte lo explica de la siguiente manera:

> «El tal llamado Zar de la gerencia de sistemas de informática, que reinaba sobre un mausoleo de vidrio y con aire acondicionado, es un emperador sin ropa, casi extinto... La filosofía centralista tradicional será algo del pasado».[31]

En cambio, la historia verá una «monumental redistribución de poder»,[32] y se está distribuyendo hasta las raíces. Por ejemplo, nadie es dueño del Internet; es de todos. Es un sistema verdaderamente abierto en el que todos los usuarios pueden opinar, aun los pobres. De hecho, el grupo de proveedores de Internet que crece más rápidamente se encuentra en países subdesarrollados como: Eslovenia, Indonesia, Irán, Perú... [33]

Pero su poder es diferente. Grande no es necesariamente mejor. Los grupos más pequeños pueden cambiar la sociedad, solo combinando su conocimiento y creatividad y nada los puede detener. Hoy en día no existen organismos gubernamentales que supervisen el Internet y si existieran no lo podrían hacer. Pues las fuerzas unidas de la tecnología y la naturaleza humana siempre serán más fuertes. Como dice el pionero del Internet John Gilmore; «El Internet interpreta la censura como daño y le pasa por un lado».

Por supuesto, toda esta libertad y poder acarrean un nuevo cuerpo laico. Han descubierto que la iglesia es para ellos y no para el presbiterio. George Gallup del servicio de encuestas reporta:

> «En contraste a cualquier otra previa década en la historia, la década de los 90 será influenciada por la

gente misma... desde el fondo hacia arriba... Oiremos una voz más persistente de parte de los laicos, quienes quieren una mayor participación en la formación de la iglesia.»[34]

O para hacer eco a Lutero, la libertad y capacidad de testificar alrededor del mundo a la velocidad de la luz, y con el Espíritu de luz, está creando un nuevo «sacerdocio de todos los creyentes». Es extraño cómo este cambio de poder producirá al mismo tiempo la destrucción y la salvación de la iglesia que conocemos.

Solo creatividad y arena

Pero esta salvación incluye otras formas de libertad y autoridad. El dinero ya no tendrá la misma importancia. Los edificios, transmisiones, salarios, correos, y otros productos ya no serán cargas. El «capital humano reemplazó al capital monetario».[35]

Por ejemplo, quince años atrás Microsoft casi no tenía capital. Ahora, y solo con ideas, su capital crece más, mucho más que el de General Motors o IBM.

Esta provisión de autoridad significa que la iglesia también puede hacer más con menos. Manejará programas misioneros que antes requerían muchos recursos. En el futuro, por ejemplo, los grandes ministerios regidos por capital tendrán que competir con ministerios mucho más pequeños pero igualmente poderosos.

Al reemplazar los antiguos pilotos del éxito (bienes capitales, medios de comunicación masiva, y ejércitos de secretarias) los nuevos laicos atacarán el frente de batalla con nada más que una provisión barata e interminable de creatividad y «arena».

(Nota: El silicio de las computadoras y las fibras de vidrio utilizadas en telecomunicaciones no son sino simplemente arena).

Imágenes y enemigos

Ya las iglesias no sufrirán de problemas de imagen, el desafecto de doctrinas muertas, la alienación de una ética hueca, la apatía de búsquedas temporales, ni la hostilidad de odios aguzados. Pues en el ciberespacio, «es difícil distinguir entre el local y el extranjero, entre miembros de la familia y "visitantes"».[36] Una famosa tira cómica lo dice todo: Dos perros se comunican por medio del Internet... uno le dice al otro: «En el Internet, nadie sabe que eres perro».

Entonces la iglesia puede asumir cualquier modo, postura, o medio que quiera asumir. Puede moverse de incógnito a través del tiempo y el espacio. Puede atrapar la iniquidad desprevenida con los poderosos brazos de la gracia.

Aun sus enemigos seculares más vengativos (y poderosos) —usualmente los medios de comunicación— pueden ser vencidos. Primeramente, «los asuntos importantes de la iglesia no pueden ser obviados (en el Internet) tan fácilmente como en los otros medios».[37] Pero aun más importante, los gigantes de los medios de comunicación no tienen ventaja, ya que la iglesia puede publicar «conectada», sin costos de papel, imprenta, ni de correo. En efecto, en el Internet, cada iglesia puede hacer las veces de una estación de televisión sin licencia, transmitiendo a todo el mundo con video y sonido.

Y eso no es todo. La iglesia se levantará al frente de cualquier censurador político o cultural que se encuentre tras fronteras prohibidas. Nadie podrá detener su mensaje irreprimible de la misma forma que los romanos no pudieron detener el cristianismo.

La edad venidera trae consigo oportunidades inimaginables para la iglesia, ya que el mundo será conquistado por la próxima fuerza colectiva y vinculada que fluya de una visión juntamente creada y compartida. ¡Y esa fuerza puede ser la iglesia! Es nuestra única y quizás última oportunidad. No podemos dar marcha atrás. «Si tuviésemos que reestructurar la sociedad con tácticas obsoletas, la tarea sería desesperadamente inmensa. Sería como cambiar la rotación de un planeta».[38]

Aun así no tenemos que temer al mirar al futuro. Aun cuando el filósofo francés, Jacques Ellul, crea que el mundo se autodestruirá,[39] la iglesia no es el mundo. La iglesia no tiene por qué hacerse víctima del mundo.

Puesto que «allí donde abundó el pecado, sobreabundó la gracia».[40]

---

1 Tofler, pp. 12-21

2 Cox, p. 301

3 Charles Arn, «Are Your Paradigms Working for You or Against You?» [¿Trabajan sus paradigmas a favor o en contra de usted?], *Ministry Advantage*, Vol. 6 N° 4, Julio-Agosto, 1996, Fuller Theological Seminary, p. 9.

4 Rex Miller, notas no impresas.

5 Lochhead, p. 28.

6 Thompson, p. ix.

7 Lochhead, pp. 25-26.

8 Nicholas Negroponte, *Being Digital* [Ser digital], New York, Alfred A. Knopf, 1995, p. 231.

9 Negroponte, p. 6.

10 Lochhead, p. 30.

11 Efesios 5:1, 2 Pedro 1:4

12 Toffler, pp. 36-37.

13 Tapscott, pp. 58-59.

14 Negroponte, pp. 153-154.

15 Tapscott, pp. 61-62

16 Patricia Seabald, «Designing Information Age Organizations» [El diseño de organizaciones en la era de la información], *Paradigm Shift*, 22 de abril, 1991.

17 Hebreos 11:1.

18 Negroponte, p. 183.

19 Rex Miller.

20 Negroponte, p. 230.

21 Negroponte, p.45.

22 Rex Miller.

23 Negroponte, p. 45.

24 Riel Miller, Alliance for Converging Technologies [Alianza por la convergencia de tecnologías], citado en Tapscott, p. 41.

25 Tapscott, p. 234.

26 LaMar Boschman, Charla en el Instituto Internacional de Adoración, Dallas, Texas, Junio, 1996.

27 Lochhead, pp. 26-27.

28 Mead, p. 53.

29 Lochhead, p. 21.

30 Tapscott, p. 91.

31 Negroponte, pp. 229-230.

32 Toffler, 34.

33 Negroponte, p. 182.

34 James H. Rutz, *The Open Church* [La iglesia abierta], Auburn, Maine, The Seed Sowers, 1992, p. 146.

35 Toffler, p. 40.

36 Lochhead, p. 63.

37 Lochhead, p. 15.

38 Rex Miller.

39 Jaacques Ellul, *The Technological Bluff* [El desafio tecnológico], Grand Rapids. Eerdmans, 1990, pp. 35-39.

40 Romanos 5:20.

5. «Una vez más, con sentimiento»

«Sin abrazos ni besos»

El mensaje del mundo se filtra y se amolda a la forma en que este se comunica. En otras palabras, el medio que utiliza le da forma al contenido del mensaje, y hasta la forma en que uno piensa. Sea el producto de la sociedad automóviles o culturas, sus herramientas influenciarán los resultados.

A excepción de los más puros y santos, los creyentes no se percatan de esta influencia. Es como el aire que respiramos, las multitudes se mueven dentro de esos medios. Y cuando los medios cambian, la iglesia cambia.

La historia ha conocido tres medios principales: la tradición oral (simbolizada por el habla), el medio impreso (plasmado en los libros), y la era electrónica (controlada por la televisión). Ahora una vez más nos enfrentamos al trauma de otro medio, otro ambiente, otra realidad.

La era digital.

«En el principio ... dijo Dios ...» ¡Y fue suficiente! Desde entonces las *palabras tenían poder...* por lo menos hasta que aparecieron los medios impresos y electrónicos. Entonces, las palabras se hicieron moralmente deficientes. La era de la imprenta se convirtió en «la vida sin ley».[1] Ambos «tienen algún tipo de devoción pero niegan el poder de donde proviene».[2]

Ahora, dudas similares desafían la era digital. Los escépticos, por ejemplo, catalogan al Internet de «irreal» e «impersonal». Al fin y al cabo, dicen ellos, «no hay besos ni abrazos. ¡Ni la visión ni el sonido (ni ninguna otra sensación) digitales, son reales! Son solo pedacitos de información... una serie de afirmaciones y negaciones, de puntos y guiones... información sin significado».

De cualquier forma un beso

Pero las corrientes de la era digital son más personales de lo que imaginamos. La *verdadera* era digital (a la vuelta de la esquina) será tecnológicamente avanzada y de mucha participación. «Cualidades estéticas y excelencia técnica, estilo y contenido, significado y presentación».[3] Ya el teólogo Lochhead afirma:

«Sorprendentemente, (las relaciones por computadora) son muy personales, intensas, cálidas, íntimas. (Son un) medio altamente cargado de emociones. En nuestras comunidades cibernéticas hemos visto ejemplos asombrosos de intimidad, amor, y cariño. Una comunidad donde la ternura y la ira se comunican de forma igualmente poderosa».[4]

Negroponte, experto en computadoras ve el advenimiento de más afecciones cósmicas. La realidad virtual «le permitirá abrazar la Vía Láctea, nadar en el torrente sanguíneo, o visitar a Alicia en el País de las Maravillas».[5]

¿Tonto? ¡No!

La connivencia de la mente y el corazón se pondrán en evidencia cuando los medios múltiples invadan por completo nuestros hogares. Hasta ahora, se había eliminado el contacto físico. La computación sensual quedó en segundo lugar ¡después de los besos por teléfono! Pero muy pronto, los medios múltiples saciarán nuestras necesidades sensoriales. Cuando el audio, las imágenes, el vídeo (y otras imágenes sensoriales) se mezclen mucho más, las computadoras personales se harán crecientemente personales.

Ya podemos probar estos fondos digitales. La música de Beethoven no pierde nada cuando la información codificada de un disco compacto convierte el alma en música. En efecto, los discos compactos sobrepasan aun los conciertos en vivo cuando la mala acústica no nos deja oír. Esto es porque: «La música es lo que los instrumentos despiertan dentro de ti cuando los instrumentos te lo recuerdan. No es el violín ni las trompetas, no es oboe ni el ritmo de los tambores, ni la partitura del barítono que canta su dulce romance, ni la del coro de hombres o mujeres, (¡ni los trozos de información del código informático!), es algo que está más cerca y más lejos que ellos».[6]

De vuelta al pasado

En realidad, la llegada de la era digital no es solamente algo personal sino que representa un probable regreso a la «palabra» del primer siglo: el medio oral. Tal y como dice el título de la obra teatral: «Una vez más, con sentimiento», regresaremos, de muchas formas a la tradición oral. Esto se comprobará ser cierto.

¡Continúe leyendo!

¿Era íntimo el medio oral? También lo es el mundo de medios múltiples y sensaciones múltiples. ¿Era la comunicación antigua personal? También lo es el nuevo futuro «desmasificado», «conectado», y «asertivo». ¿Existía igual acceso en el diálogo antiguo? También lo hay en el nuevo diálogo.

¿Cultivó el diálogo la cultura oral? También lo hacen las mezclas mejoradas de alta tecnología e hipertexto. ¿Compartieron los profetas de ayer visiones inspiradas? También lo hacen nuestros ciberprofetas intuitivos. ¿Fluía el conocimiento a través de los sacramentos y los símbolos? De la misma forma lo hace la información a través de un ciberespacio supersimbólico.

¿Recordamos las memorias compartidas de los sabios sagrados? También compartiremos memorias de las más grandes edades. ¿Recordamos poderosos momentos de la vida antigua? También conoceremos acontecimientos instantáneos en la vida futura. ¿Recordamos palabras piadosas de significado universal y eterno? También convocaremos «palabras» globales sin trascendencia, sin espacio y sin tiempo.

El que estas comparaciones sean exactas o no, no es de importancia. Tan abundante coincidencia no puede ser negada.

Ni los dígitos binarios ni la burra de Balaam

Pero tal coincidencia no significa nada a menos que los creyentes del futuro entiendan las «palabras» en las palabras orales. Esto es, hasta que entiendan qué es lo que «comunica» en la comunicación oral.

Nuestra cultura cognoscitiva se engaña a sí misma con «palabras» literales, y nos engañamos también con significados literales. Los trozos de información de los archivos electrónicos, por ejemplo, quizás sean la realidad, y quizás formen «palabras» literales, pero no son el mensaje mismo. Y en lo más profundo no son ni siquiera el medio.

Una verdadera «palabra», una palabra oral, no se limita a simple «información». Sino, que más bien comunica un mensaje específico, a una persona específica, a la hora adecuada. Seduce con aviso repentino. Atrae con algo más allá de la «palabra» misma. Atrae con algo muy deseable, atractivo y significativo.

Y los grandes analistas están de acuerdo en que esta atracción es su propia verdad.

La «palabra» del medio oral tampoco se limita a la palabra «hablada». En cambio se presenta como una revelación directa e intuitiva. Está escrita, dice Pablo, «con el Espíritu del Dios viviente... (en) los corazones».[7]

Está claro que el medio digital provee una «palabra» diferente, una «palabra» nueva. «Uniendo unos conceptos con otros de forma asombrosa, construyendo increíbles jerarquías de inferencias, engendrando nuevas teorías, hipótesis e imágenes basadas en suposiciones novedosas (y desarrollando) nuevos lenguajes, códigos y lógicas».[8] Pero la antigua «palabra» oral trascenderá aun a este nuevo medio.

Como indica Negroponte: «Seguramente, lo que "es real" no es una expresión de sí mismo, sino que es sí mismo».[9]

Entonces, no importa si el medio es dígitos binarios o la burra de Balaam,[10] de cualquier manera Dios habla a través de ellos. Puesto que una verdadera «palabra» está presente en cualquier lugar donde el Espíritu habla al Espíritu. Es cualquier medio donde el Espíritu toma cuerpo y el cuerpo toma Espíritu.

Una sala de espejos multisensorial

Comparemos más detenidamente las antiguas tradiciones orales y el nuevo medio digital.

Como mencionamos anteriormente, la palabra oral en un mundo personal. Provee experiencia de primera, con los sentidos y los sentimientos, con intensidad e inmediatez. Por ejemplo, la metáfora antigua (aunque altamente sensorial) no solamente proveyó la voz principal en el medio oral, sino también en el artístico. De hecho, las reglas de esta metáfora primitiva proveen un modelo perfecto para todas las artes en cualquier tiempo y lugar.[11]

Pero la era digital venidera se mostrará altamente sensorial también. Los sentidos serán recargados con sus «palabras» de medios, sensaciones y modos múltiples. «No es inconcebible que hasta el sentido del olfato y del gusto se integren a la... experiencia».[12] Ya las computadoras proveen sensaciones quinestéticas (la sensación de movimiento, nos estemos moviendo o no). Experimentamos estas sensaciones cuando los simuladores de vuelo generan interactividad genuina, maniobras en tres dimensiones, animación instantánea, y foto realismo.[13]

En verdad, las imágenes sensoriales serán tan abundantes y vívidas que a los participantes se les hará difícil deshacerse de su abrazo seductor. Acertada o no, estas imágenes impulsarán el futuro.

Pero estos sentidos recargados harán más que influenciar a los vídeo juegos del siglo XXI. Pues una nueva emoción «consciente» atraerá a un nuevo «conocimiento». William Irwin Thompson ya lo ve suceder:

«Tal como la ficción y la música están a punto de reorganizar el conocimiento, la erudición está acercándose al arte... en nuestra sociedad electrónica y cibernética. El género se llama *Wissenkunst*: la manipulación del conocimiento en un mundo de serios procesadores de datos... En un momento como este, el novelista se convierte en profeta, el compositor en mago, el historiador en bardo, una voz recordando identidades antiguas».[14]

En resumen, la era digital mezclará lo técnico y lo de buen gusto, lo científico y lo estético, el lóbulo izquierdo del cerebro y el derecho, el mensaje y el significado. Ya que «las estadísticas matemáticas tanto como la poesía, se reducen a un torrente digital».[15]

(La palabra griega *tecna,* de donde obtenemos la palabra «tecnología», ¡finalmente tiene sentido! ¡Significa arte!)

Aunque parezca extraño, la música —con su matemática intrínseca— puede demostrar ser el símbolo primario de la era digital. «La música ha demostrado ser una de las fuerzas formativas más importantes de la computación... (un) perfecto paisaje intelectual por el cual pasearse con gracia entre la tecnología y la expresión, entre la ciencia y el arte, lo privado y lo público».[16]

Sin embargo, el énfasis permanecerá en los medios múltiples, mezclando audio, vídeo, información, y mucho más. Extrayendo significado de muchos canales de comunicación concurrentes, de muchas fuentes sensoriales diferentes. Y estas potentes mezclas demostrarán ser acontecimientos extraordinarios de medios múltiples. En efecto, sobrepasarán los medios múltiples del pasado y cambiarán totalmente el panorama de los medios del futuro. Ya «formas de arte completamente nuevas están surgiendo a través de los medios múltiples».[17]

¿Por qué? Porque los fragmentos de código de computadora se unen y mezclan con facilidad. Ellos fluyen fácilmente de un medio al otro, de un sentido al otro. Fácilmente imitan nuestra capacidad de imaginar una noción por otra. Por ejemplo, cuando decimos que una soprano canta con «voz brillante», reemplazamos una palabra auditiva con una visual. De la misma forma, las computadoras reproducen un sentimiento por el otro. Reflejan un sentido por otro.

Y en esta sala de espejos virtual, los nuevos medios multisensoriales producirán metáforas de metáforas que se profundizan cada día más.

La ruptura de los límites de las creencias

Continuando con estas comparaciones, consideremos otra dimensión importante del ambiente oral: traspasa los límites de las creencias. Proclama promesas imposibles, anuncia un futuro oculto, declara obras ya hechas que están por hacer.

Como dice la Escritura: «Llama las cosas que no son como si ya existieran».[18]

Por ejemplo, la Biblia no describe lo que es. Más bien describe lo que ha de ser. La fe en sí espera lo que vendrá. Mira «lo que no se ve» y «percibe» lo que se espera. Luego le da «sustancia» a la visión.[19]

Pero presten atención. La misma paradoja entre «lo que es» y «lo que no es» la encontramos en la «realidad virtual». Esta nueva manía presenta un «mundo en el que los obvios límites entre lo real y lo posible, entre el trabajo y el juego, entre el aquí y el allá ya no existen».[20] Imita las experiencias sensoriales de forma tan palpable, tan inmediata, tan convincente que se les llama «reales» ¡aunque son irreales!

Se comenta que «si se presentaran premios por la mejor contradicción de términos, "realidad virtual" de seguro se llevaría el primero».[21] Como resultado, esta paradoja digital participa de la misma visión profética, o sea, rompe los mismos límites de creencias, que el medio oral. Y las iglesias que aprendan a usar la «realidad virtual» para propósitos sacros pueden encontrar una nueva y potente forma de arte.

Las primeras manifestaciones de realidad virtual aparecieron de forma cruda en películas de segunda, pero muy pronto se refinaron en simuladores de vuelo. En realidad, la realidad virtual hoy en día es alta tecnología. A manera de ejemplo, Douglas Trumbull —el mago de efectos especiales de la película: *Encuentros cercanos del tercer tipo*— diseñó un teatro en el casino Luxor de Las Vegas el cual transporta a la audiencia a otra realidad, a lugares visionarios que se perciben como sucesos reales.

Trumball lo describe como «un experimento en el que finalmente cruzamos los límites de las creencias».[22]

En resumen, la realidad virtual copia la realidad con un inspirador surtido de experiencias vivas y sin límites. Y sin duda que se le abusará. Se le recargará con «inútiles razonamientos», engaños mundanos, artimañas huecas, y caprichos maliciosos. Mas que nunca, Dios nos probará, tal y como nosotros «¡probamos los espíritus!»[23] Entonces él requerirá que nosotros rechacemos estos «inútiles razonamientos».[24]

Aun así la iglesia tiene que dominar el potencial profético de esta nueva ciencia. Puede ser el ejemplo de una visión piadosa en el futuro. Puede meditar en metáforas de un ámbito espiritual virtual, de una vislumbrada visión de la verdad. Puede hacer tangible lo intangible, visible lo invisible, implícito lo explícito.

Después de todo esta oportunidad no contradice de ninguna forma las revelaciones proféticas de las antiguas Escrituras. En las cuales hasta hoy se encuentran hermosas visiones que cautivan corazones hambrientos. La realidad virtual tampoco contradice las formas de arte, rituales, o símbolos conocidos. Todos pueden representar las cosas que «no se ven». Todos pueden mostrarnos más allá de ellos mismos; nos pueden transformar, recrear, sanar.

Imágenes sobre imágenes

La historia revela aun otro paralelo entre la antigua tradición oral y el nuevo medio digital. Reflejará la «meditación» de la antigua comunión e «interacción» de un futuro vínculo. En ambos casos, recibiremos, luego responderemos, meditaremos y luego participaremos.

Negroponte llama la versión digital «un vínculo intermodal».[25] Thompson simplemente dice lo que es... una cultura de meditación».[26] Una vez más esto representa un regreso al pasado.

Consideremos primero la versión antigua.

La «meditación» oral se explica cuando vincula su significado original con su contexto Escritural. Consideren este resumen: «La meditación judeocristiana contempla cosas del espíritu y refleja las visiones resultantes en un diálogo con Dios».

O, en lo que concierne a nosotros: «Las visiones meditativas hablan a través de *imágenes y sentimientos sensoriales e inspirados* que a simple vista pasan inadvertidos a la mente natural».

Claramente, este diálogo en reflexión creó una virtual «sala de espejos» hebrea. Y estas imágenes también presentaron un modelo perfecto para el artista profético. Puesto que el «hacer» de la meditación coincidía con la creatividad y usualmente conllevaba a obras de arte: Parábolas, proverbios, historias, cánticos, el sonido de instrumentos musicales y otras formas artísticas.

En el mundo digital, existe un diálogo similar, una interacción similar, un «proceso simbólico»[27] similar, una innovación creativa similar. Al fin y al cabo, el Internet es un medio de interacción e interdependencia, un lugar donde las ideas se unen y entrelazan. Sin lugar a duda, su ambiente virtual instantáneo inspira interacción.

¡Y hasta creatividad! Pues su proceso simbólico extrae significado de diferentes, aunque concurrentes, canales de comunicación. A través de la inferencia, el contexto y la analogía, amontona suposiciones sobre suposiciones, imágenes sobre imágenes, ideas sobre ideas.

El «hipertexto» nos sirve de ejemplo:

«(En) el hipertexto, que es como definimos la narrativa altamente entrelazada, o la información vinculada; la expresión de una idea o un pensamiento organizado, puede incluir una red multidimensional de indicadores a otras construcciones, o argumentos, que pueden ser invocados o pasados por altos. Trozos de información pueden ser reestructurados, las oraciones expandidas, y a las palabras se les pueden dar significados sobre la marcha. Mensajes elásticos se pueden estirar o encoger dependiendo de las acciones del lector. Se pueden abrir y analizar las ideas con tantos detalles como se quiera... como espejos en una barbería: Una imagen dentro de una imagen, dentro de una imagen».[28]

Pero el futuro promete aún más poder, puesto que los nuevos medios múltiples mezclarán técnicas de la era espacial con artesanías de antaño. Asombrará al espectador con significados compartidos de modos, humores, sentidos y escenas diferentes.

El «holograma» ofrece el perfecto ejemplo: En esta foto tridimensional cada parte presenta la figura completa, y al mismo tiempo resalta una vista diferente. Por ejemplo, tome una foto holográfica de una orquesta sinfónica completa, quite la trompeta, luego apunte un rayo láser solamente a la trompeta, ¡y logrará recrear toda la orquesta.

¡Qué tiempos tan emocionantes para los hijos de un Dios creador! David Ticoll, de la Alianza por la Convergencia de Tecnologías, promete que «la intuición y la creatividad florecerán en... la tierra fértil de los nuevos medios». Sin embargo, años atrás, Albert Einstein vio el fruto de este futuro cuando dijo: «La imaginación es más importante que el conocimiento».

La historia *A través del espejo* de Lewis Carrol se acerca bastante a estas verdades del nuevo milenio. Puesto que fue a través de un espejo que «Alicia» entró al «otro mundo». De la misma forma, será a través de la meditación y reflexión que entraremos al nuevo mundo. Yo creo que esa es la razón por la cual Tal Brooke se refiere al Internet como un «espejo electrónico».[29]

«Así, todos nosotros, que con el rostro descubierto reflejamos como en un espejo la gloria del Señor, somos transformados a su semejanza con más y más gloria».[30]

Parentesco antiguo

Los futuristas encontrarán un regreso final y sorpresivo a la era oral: las relaciones personales. ¿Por qué sorpresivo? Porque los medios de comunicación masiva han robado al individuo su cuerpo y poder.

Y muchos observadores dicen que el futuro no será mucho mejor. En vez de «alta tecnología y alto contacto», estos cínicos solo esperan «alta tecnología y aislamiento».[31]

Sin embargo, ya la comunicación masiva es obsoleta. Ya las transmisiones y los medios de comunicación masiva están en sus últimos días».[32] Ya los consumidores no son simples «caras en la multitud».

Hemos pasado a la era «después de los medios de comunicación», donde la audiencia a menudo solo consta de uno, donde todo se hace a la carta, todo es extremadamente personalizado y perennemente hecho a la medida.

Al fin y al cabo:

«Yo soy *yo* y no una muestra estadística. La demografía clásica no toma en cuenta al individuo digital, (puesto que la era digital) está basada en un patrón de ti como individuo, y no como parte de un grupo».[33]

El resultado es que los publicistas están concentrando sus esfuerzos en segmentos del mercado cada vez más pequeños para alcanzar con mayor precisión a clientes distintos. La «relación íntima entre productor y consumidor... destruirá el anonimato del consumo, la política, y los medios de comunicación masivos. Será una era de contacto "asertivo" que se asemeja a la vida de pueblos pequeños».[34]

Y este pequeño pueblo surgirá como una versión moderna de un parentesco antiguo. Puesto que en el Internet, cada miembro se encuentra en el centro, y el centro está en todos lados.[35] En fin, si la era digital tiene ética alguna es la siguiente: «La equidad y el acceso deben ser totales e ilimitados». Entonces ¡nadie se quedará por fuera! Con fuerza de voluntad, las brechas se reducirán en vez de ensancharse.

Las iglesias reflejan las mismas corrientes. Las mini iglesias están reemplazando a las mega iglesias. Iglesias pequeñas e íntimas, como la iglesia primitiva, reemplazan a instituciones anónimas y carentes de personalidad. Los medios orales informales y de tecnología sencilla reemplazan las producciones controladas, teatrales y masivas.

Como ejemplo, el ministro de adoración de renombre mundial LaMar Boschmann nos dice que las iglesias alrededor del mundo que están en la vanguardia, rechazan todos los rótulos, todas las clasificaciones, cualquier cosa que relegue a los creyentes a una multitud sin rostro. Además hace resaltar la «iglesia en casa» de la China, donde a los nuevos convertidos se les discipula durante tres años, y luego se les envía a plantar otra iglesia.[36]

Pero la era digital añade un toque asombroso a este cambio. Consideren el precedente histórico: La iglesia primitiva creció de «uno en uno». Aunque heroicas, sus acciones eran limitantes, requerían mucho tiempo, y eran peligrosas. Luego los romanos convirtieron esta fe en la religión del estado. Una misión impersonal y sancionada por el gobierno para conquistar el mundo conocido. Ahora, por primera vez, la iglesia puede ser tanto grande como pequeña, tanto global como personal.

¡A la misma vez!

A decir verdad, la tecnología de la informática, por sí sola, no edificará el reino de Dios. Sin embargo, una iglesia profética definitivamente dará evidencia del reino.

¡Maranata!

1 Rex Miller.

2 2 Timoteo 3:5.

3 Negroponte, p. 221.

4 Lochhead, pp. 18-19,59,63.

5 Negroponte, p. 119.

6 Walt Whitman, «Leaves of Grass» [Hojas de césped], paréntesis del autor.

7 2 Corintios 3:3, paréntesis del autor.

8 Toffler, pp. 36-37.

9 Negroponte, p. 60.

10 Números 22:21-33.

11 Hausman, p. 231.

12 Tapscott, p. 107.

13 Tapscott.

14 Thompson, *The Time Falling Bodies Take to Light* [El tiempo que le toma iluminarse a los cuerpos que caen], p. 4.

15 Lochhead, p. 90.

16 Negroponte, p. 222.

17 Tapscott, pp. 61-62.

18 Romanos 4:17.

19 Hebreos 11:1

20 Lochhead, p. 24

21 Negroponte, p. 116

22 Howard Rheingold, «Douglas Trumball's Big Budger VR» [El gran proyecto de realidad virtual de Douglas Trumball], *Wired*, 1.5.

23 1 Juan 4:1

24 Romanos 1:21.

25 Negroponte, p. 99.

26 Thompson, p. 260.

27 Toffler, p. 54.

28 Negroponte, pp. 69-70.

29 Tal Brooke, *Virtual Gods* [Dioses virtuales], Eugene, Oregon, Harvest House Publishers, 1997, p. 100.

30 2 Corintios 3:18.

31 Seabald.

32 Tapscott, p. 226.

33 Negroponte, pp. 163-165.

34 Riel Miller, p. 41.

35 Rex Miller.

36 Boschman.

III. El imperativo

6. Comer elefantes, fines y medios

Sí, Dios es soberano. Él siempre gana. Pero cuando la iglesia no puede ver lo que Dios está haciendo en la historia y rehusa seguirle, ella sufre como resultado. La historia a menudo comprueba este fenómeno. Aun así, la iglesia no tiene planes para la era digital. Los expertos inundan al clérigo con sus ideas más recientes sobre la cultura popular, pero pocos presentan un plan para el futuro.

A la iglesia nunca se le llamó a seguir a la sociedad sino más bien a servirle de líder. A la iglesia nunca se le pidió separar los medios del resultado final; y simplemente esperar llegar de aquí hasta allá. Por el contrario, el cristianismo siempre activa su fe. Siempre es modelo de amor. Siempre mezcla el método con su misión.

Al fin y al cabo, Dios no es un Espíritu pasivo. Su presencia en la historia sobrepasa la mera teología. Él se mueve en medio de lo crudo y lo real. Sin embargo, lo crudo y lo real escuchan cada día menos a la iglesia. Hoy, como ayer, Jesús nos urge: «¡Interpreten las señales de los tiempos!»[1]

«Nacidos en otro tiempo»

Para interpretar estas señales, los líderes deben salir de sus esquemas establecidos, validar sus suposiciones, aceptar nuevas ideas, alimentar su curiosidad, estar al tanto de las corrientes y los acontecimientos, y como el teólogo Lochhead, preguntar:

«¿Qué significa la "proclamación" en un medio que es esencialmente dialogística? ¿Qué quiere decir "misión" en una comunidad electrónica? ¿Es posible adorar conectado al Internet? En una sociedad de información ¿qué papel desempeña una comunidad como la iglesia la cual valora la sabiduría antes que la información?»[2]

Por supuesto, respuestas a preguntas como estas ameritan una forma de pensar diferente. Sí, la palabra de Dios siempre es la misma, pero un nuevo paradigma requiere un nuevo entendimiento. Y en el paradigma digital, este nuevo entendimiento exige ideas intuitivas, percepciones de hipertexto, experiencias en el ámbito de los sentimientos, y significados metafóricos.

No podemos continuar arrastrando las antiguas formas de análisis (o sea el pensamiento secuencial). La información instantánea de hoy coexiste en una interacción activa. Nueva información es reemplazada por información más reciente. Y las realidades antiguas, el mundo material en sí, ya no pueden regir cada plan. Ya que los átomos del comercio material han sido reemplazados por «bytes» de trueque inmaterial, sin peso y «sin espera».

La iglesia no tiene que escoger entre el reino de Dios y estas cambiantes realidades. La profundidad espiritual y la anchura mundana no se presentan como una alternativa. La iglesia debe discernir los valores del conocimiento secular, debe familiarizarse con las corrientes de los tiempos, y utilizar lo que mejor represente su misión.

Por último, la iglesia debe fomentar esta conciencia en otros. Debe impulsar a líderes locales con la misma visión. Debe convertir la libertad de información en libertad de espíritu. Debe traducir la información secular a conocimiento mundial y este a sabiduría profética.

«No limites a tus hijos a tu propio conocimiento, puesto que han nacido en otro tiempo».[3]

Navegar olas y medir corrientes submarinas

Los líderes, entonces, deben entender claramente este momento cultural, dónde estamos, cómo llegamos aquí, y hacia dónde vamos.

La iglesia debe aprender a ver tanto lo general como lo particular, panoramas y detalles, realidades y hechos. Debe aprender a ver el crepúsculo y la aurora de un mismo horizonte y al mismo tiempo caminar en el medio día. Debe aprender a remontarse sobre la complejidad para llegar a lo general y sin embargo sumergirse bajo la complejidad para llegar a lo específico. Debe navegar las olas de un vasto océano y al mismo tiempo medir la velocidad y dirección de las corrientes submarinas.

Más que por simple supervivencia, existen buenas razones que justifiquen este entendimiento. Tapscott escribe: «Un experto es una persona quien simplemente se mantiene al tanto, ya que el conocimiento se duplica cada dieciocho meses». La iglesia, entonces, necesita ventaja adicional ¡simplemente para mantenerse al tanto!

Por ejemplo, en la economía global, el conocimiento se ha convertido en el fundamento de los valores, como nos dice Peter Drucker, el único recurso significativo. Si esto se cumple para los negocios, ¡cuánto más para la iglesia! Debe recordar a los hijos de Isacar:

«Hombres expertos en el conocimiento de los tiempos, que sabían lo que Israel tenía que hacer».[4]

«¡Hazlo!»

La iglesia no puede esperar a que se le obligue a actuar. La tierra prometida es ahora. Al fin y al cabo, el amor cristiano no es pasivo, es activo. Su propósito siempre es hacia el mundo. Siempre cumple la voluntad del Padre en el mundo.

Los avances de los medios electrónicos en manos de espíritus fracasados pronto nos destruirán. Y, por el momento, los espíritus fracasados rigen el día. De las cuatro fuerzas religiosas que pueden influenciar la era digital (el cristianismo, el islam, el humanismo y la Nueva Era), la Nueva Era es manifiestamente evidente. Este movimiento posmoderno y poscristiano sirve ahora como la religión tácita de la era de la informática y a menudo es hostil al cristianismo.

Innumerables maestros de la Nueva Era y líderes espirituales están atravesando barreras culturales. Ellos afirman: «Nada está prohibido».

Solzhenitsyn se percata de la amenaza:

«Se le ha dado amplio espacio a la libertad destructiva e irresponsable... (con) poca defensa contra el abismo de la decadencia humana... (sin la) capacidad para defenderse de la corrosión del mal... Hemos experimentado tal movimiento de la libertad en dirección al mal... (pensando) que la naturaleza humana no es inherentemente mala».[5]

Como resultado, el Internet alberga la cara oscura del ciberespacio. Presenta un gueto de depravación que va en rápido aumento.

A manera de ilustración:

El editor de la revista *Wired*, Eric Davis, menciona a un experto en cibernética quien «practica la brujería y coordina un grupo de compañeros de trabajo, también innovadores en materia de computación. Este líder de esta era digital se auto-denomina "el brujo gay", sin embargo, sus creaciones se han convertido en "la norma tecnológica para la Red Mundial del Internet"».[6]

Aun así, en presencia de tales amenazas, la iglesia ni se percata de sus enemigos. Es obvio que debemos comenzar a darnos cuenta que «ahora la batalla es por la fe del planeta entero».[7]

«Debemos organizarnos y preparar a la iglesia para actuar o sufrir terriblemente por nuestra poca dis-posición a discernir la mano de Dios en este kai-ros».[8]

Un «byte» a la vez

«Organizarnos», primeramente requiere facilidad en el medio digital. Esta facilidad debe ser naturalmente intuitiva, como nuestro segundo idioma. En el antiguo paradigma de medios de comunicación masiva, solo los comunicadores nece-sitaban entender su medio. Hoy en día todos requieren esta capacidad.

Especialmente la iglesia profética.

Rex Miller compara esta disciplina a la facilidad creativa de los grandes artistas. Los artistas no pasan por alto el medio con que trabajan. Ya sea que trabajen con lienzo, acetato, arcilla o cualquier otra cosa, ellos saben que cada vehículo tiene cualidades peculiares, cada capacidad prescribe lími-tes estrictos. Y los artistas muy pronto descubren y apren-den a respetar tanto los límites como el potencial de su disci-plina.[9]

Todo esto requiere acción rápida y al mismo tiempo ir paso a paso. La iglesia necesita miles de experimentos «a salvo» que puedan ser prototipos del futuro. (El lector encontrará un resumen de estos experimentos en el último capítulo de este libro). Cualquiera sea el intento, estos esfuerzos deben gestarse lo suficiente para permitir el éxito.

Esta prudencia ofrece pruebas; esta seguridad ofrece protección.

Alvin Toffler dice que la carrera mundial la ganarán los grupos que logren su transformación con la menor cantidad de dislocación y desasosiego.[10]

Es una tarea inmensa, por lo que debemos comernos este elefante un «byte» [trozo] a la vez.

«Las iglesias deben aprender a fomentar la innovación y hasta financiarla... En tiempos y lugares que experimentan cambios rápidos, nuestra pertenencia más importante es el pionero. La persona, o el grupo que esté dispuesto a abrir nuevos caminos».[11]

---

1 Mateo 16:2-3.

2 Lochhead, p. 64.

3 Proverbio hebreo.

4 1 Crónicas 12:32.

5 Alexander Solzhenitsyn, *National Review*, 7 de Julio, 1978, p. 838.

6 Brooke, p. 119.

7 Rutz, p. 153.

8 Rutz.

9 Rex Miller, notas no publicadas.

10 Toffler, 34.

11 Mead, p. 73.

7. Morir para vivir

Martirios sin sentido

La iglesia debe morir para vivir. Debe dejar de ser para recibir. Debe soltar los antiguos paradigmas para adoptar los nuevos.

Trágicamente, los cómodos líderes son los últimos en recibir esta verdad. Como pagaron caro por sus posiciones resisten cualquier intento de cambio. Se han beneficiado de la abundancia del pasado y se oponen a cualquier cosa que amenace su dulzura.

Entonces simplemente se estancan. Con modelos viejos e impotentes estos guardianes gastan sus «recursos y energía remendando estructuras decrépitas». Se aferran «a lo conocido mucho después de que ha perdido la posibilidad de crear nueva vida».[1]

Cuando la verdad finalmente rompe sus queridas ilusiones, reaccionan como confrontados con la muerte misma. Al principio, se niegan a creerlo (continúan como si nada hubiera pasado), luego se deprimen (se muestran cansados y sin ánimo), después viene el entusiasmo por las ofertas (se aferran de cualquier cosa que pueda devolver el tiempo) y por último se enojan (le echan la culpa a otros).[2]

Para evitar martirios sin sentido, los líderes deben crucificar estas tiranías ocultas. El apóstol Santiago dijo: «Si alguien se cree religioso ... se engaña a sí mismo, y su religión no sirve para nada».[3]

Globos rotos

Primeramente debemos morir a la irrelevancia. La historia rebosa de movimientos espirituales que proveyeron ideas frescas en momentos determinados y que luego fueron eliminados por la obsolescencia. Cuando un sector de la población, en su totalidad, se recusa a escuchar a la iglesia, es hora de hacerse relevante.

Por ejemplo, esto significa que hay que dejar los clichés religiosos, códigos internos, metáforas sin sentido, y estilos arcaicos. Al fin y al cabo, en el inglés antiguo del rey Santiago los pronombres formales se podían usar para referirse tanto a una prostituta como a un barman.

Esto no le impresiona a Dios.

Luego debemos morir a la autosatisfacción; la cálida comodidad de la piedad llena de orgullo. Tal y como si se miraran en el espejo, algunas congregaciones adoran su propia adoración. La convierten en un fetiche, un objeto digno de asombro.

Por ejemplo, escogemos que nos afirmen, entretengan, satisfagan, o nos hagan sentir bien con respecto a Dios y nosotros mismos.[4]

En realidad, las fantasías de las preciadas decisiones que tomamos «(nos) hacen sentir bien porque son cónsonas con (nuestras) opiniones, prejuicios, y suposiciones inconscientes a cerca de lo que es real».[5]

¡En otras palabras buscamos alivio cuando nos duele!

Luego debemos morir a tradiciones gastadas. Las tradiciones religiosas son simplemente formas en las cuales el evangelio habla en momentos históricos específicos. Sin embargo, a veces hacemos sacramentos de estos momentos miopes.

Cuando las tradiciones se vuelven rituales huecos, estilos impotentes, ortodoxia muerta o reliquias mudas; cuando se hacen viejas y rancias como el pan que se deja de un día para otro, cuando se quedan estancadas en el pasado como ruinas de una civilización antigua, estas deben ser amorosamente sepultadas.

El director de orquesta Toscanini habla desde el ámbito de la música: «La tradición es el último de los conciertos desagradables».

Almas ciudadanas

Todas estas ilusiones significan que tenemos que dar muerte a la iglesia «institucional», a «los códigos obligados de una cultura religiosa arraigada».[6]

La clase social regente, por definición secular, prescribe las reglas políticamente correctas y la canoniza en un sistema cerrado. Esta definición también describe a la iglesia «establecida». Ella es, al fin y al cabo, la reliquia incesante del Santo Imperio Romano en el cual las «almas ciudadanas» eran «salvas» por medio del imperio.

Sally Morgenthaler llama a este fenómeno «cristianismo de iglesia» pero en realidad se llama «religión».

El cristianismo, en su forma más pura, siempre estuvo en contra de lo establecido, contra la cultura, en contraste con las posiciones del mundo. Por eso Jeremías llamó a nuestra confianza en formas externas de religión (en vez de vínculos internos con Dios) «engañosos». Él proclamó a cambio un «nuevo pacto» escrito en el corazón.[7]

A diferencia de la opinión popular, la iglesia institucional nunca fue la iglesia «universal». Hasta la Reforma continúa fragmentándose en diferentes credos. Parafraseando a Pablo: «Al Mesías lo hemos cortado en pedacitos para que todos tengamos nuestra propia reliquia».[8]

Lo peor del caso es que sacerdotes aspirantes de estas teocracias mundiales se elevan hacia Dios creyendo que él aprobará sus maravillosos esfuerzos. Pero su ascenso demuestra un engaño inocente: presumen la presencia de Dios *por medio* de la adoración en vez de *con* la adoración.

Se les olvida que Jesús vino a *donde* estábamos y nos encontró *en* nuestra condición original.

La iglesia institucional acarrea muchas cargas. Ella debería comenzar a deshacerse de sus rótulos y títulos, puesto que el mundo vendrá a la iglesia solo en la medida que esta no sea *para* la «iglesia». De la misma forma que la salud es más que medicina, y el aprendizaje más que educación, la espiritualidad es más que religión.

Corazones flexibles

Ya sea que guiamos o seguimos, los creyentes y los líderes deben vivir una redención continua. El morir no es un acontecimiento aislado. Pablo dijo: «¡Cada día muero!».[9]

La iglesia verdadera siempre está en un proceso de destrucción creativa, de continuo desprendimiento.

La Escritura atesta estas muertes. La serpiente de bronce, creada por Moisés por mandato de Dios tuvo que ser destruida al final. El arca del pacto desapareció y el templo de Salomón que se convirtió en un talismán de la protección de Dios, fue demolido.

La iglesia moderna no es diferente. El artículo papal *Constitution on the Sacred Liturgy* [Institución de la sagrada liturgia], admite que algunas cosas están «sujetas a cambio» y que requieren ser adaptadas a las necesidades de los tiempos.[10] Por supuesto, la implementación de esta visión ha resultado ser más difícil.

Los líderes en las iglesias no deben temer. Esta muerte no es una avería ¡es un logro!

En realidad, este «desprendimiento», esta «muerte» es más que el evangelio. En efecto ¡es una necesidad práctica! El estrés creativo siempre transforma el futuro. Hoy en día, la historia lo exige más que nunca puesto que el mundo está cambiando. El mundo se encuentra en estado líquido. El pasado ya no certifica al futuro, por lo que debemos cooperar con este cambio.

Al fin y al cabo, el cristianismo no es una parada sino un viaje. Pablo hace una paráfrasis de la voz profética de Dios: «Destruiré la sabiduría de los sabios, frustraré la inteligencia de los inteligentes». Y Jesús añade: «Lo que pido de ustedes es misericordia y no sacrificios».[11]

«Encontrar senderos al pasado es un lujo, encontrarlos para el futuro es una carga».[12]

---

1 Mead, p. 6.

2 Mead, p. 62-63.

3 Santiago 1:26.

4 Morgenthaler, p. 19.

5 Thompson, *The Time Falling Bodies Take to Light* [El tiempo que le toma iluminarse a los cuerpos que se caen], p. 92.

6 Morgenthaler, p. 104.

7 Jeremías 7:3-11, 31:31-34.

8 1 Corintios 1:12.

9 1 Corintiso 15:31.

10 Comité internacional sobre el idioma inglés en la liturgia, *Constitution on the Sacred Liturgy* [Institución de la sagrada liturgia], capítulos 1-6, reproducido de Documents on the Liturgy, 1963-1979, *Conciliar, Papal and Curial Texts* [Textos conciliares, papales y sacerdotales], Collegeville, MI, Liturgical Press, 1982.

11 1 Corintios 1:12-24, Mateo 12:1-17.

12 Maier.

8. La iglesia boca arriba

Nuevos modelos de cooperación

Cuando cambiamos la forma en que nos comunicamos, también cambia la forma en que ejercemos el poder. En otras palabras, un nuevo medio engendra una nueva política, una nueva forma de comunicación produce un nuevo poder. Tal y como la imprenta rompió las estructuras políticas del pasado, la era digital romperá las estructuras políticas actuales.

Redistribuirá el poder en escala masiva.

Los negocios globales ya sienten este cambio. Es más, ya se buscan nuevas alianzas de autoridad, nuevos sistemas de influencia y nuevos modelos de cooperación. ¡Y lo que logren encontrar pondrá a la iglesia boca arriba!

¿Por qué? Porque una sociedad digital es completamente antiautoritaria. Su diversidad sobrecarga los circuitos del poder centralizado. Y su autosuficiencia resiste a la censura.

La descentralización se convertirá en su triunfo definitivo.[1]

Esto quiere decir que los líderes del futuro aprenderán una política «no local» una alianza «no territorial». Aprenderán a ser facilitadores, a expandirse en el intercambio de poder. Y los líderes de iglesias aprenderán, como aprendieron los cuáqueros de antaño, a depender del Espíritu Santo... un «control» libre y sin forma.

En resumen, aprenderán que Jesús está «en *medio* de la congregación» ¡y no en la plataforma![2]

El historiador Alvin Toffler nos describe este cambio radical:

«(Estas) fuerzas en América aún no consiguen su voz. El (movimiento) que se las provea dominará el futuro americano. Los movimientos que reconozcan este hecho histórico sobrevivirán y formarán el futuro de nuestros hijos. Los que no lo hagan se hundirán en el desagüe de la historia.[3]

El emperador sin ropa.

Las compañías de éxito ya están experimentando el desintegro de burocracias autoritarias, centralizadas y controladoras. Los empresarios globales ya están viendo el destronamiento de imperios monolíticos, jerárquicos y autocráticos.

Lo más grande no es necesariamente lo mejor.

En primer lugar, los modelos antiguos y estáticos se hacen ineficientes en la complejidad del nuevo mundo. Decisiones excesivamente centralizadas dan lugar a un «exceso de decisiones» en la rapidez de un ambiente instantáneo. Y las grandes oficinas con altos gastos de operación se convierten en desastres en un mundo competitivo.

¿Por qué? Porque el poder cuando está en la cima muy a menudo se preocupa solo por sí mismo. Intereses investidos, al igual que la lucha por la seguridad, conspiran por la facilidad y el placer de los que están en control.

Siempre de forma sutil pero siempre presente.

Y el poder egocéntrico siempre apunta en una dirección: hacia abajo. Bien sea manipulando, explotando, cuidando, o batallando, los que están arriba siempre asumen el poder sobre los que están abajo. Es una postura de ganancia o pérdida que trunca las promesas de los que están abajo, ya que la regla del juego es estar conforme: sin opiniones, ni desacuerdos.

Es un viejo mundo de líderes agresivos y subordinados pasivos. Y aun así, el tal llamado zar de la gerencia, «es un emperador sin ropa, ya casi extinto».[4]

Adoración suplantada

Este emperador también está casi extinto en la iglesia, pero aún no lo sabe.

Una casta sacerdotal elitista todavía opera desde la vieja escuela. Son «profesionales del espíritu, corredores de poder, y manipuladores de programas.

Muy a menudo ¡ellos *representan* el ministerio!

Ellos dividen al cuerpo de Cristo entre líderes cansados y siervos sedentarios. Convencen a los laicos a ceder su sacerdocio a los profesionales. Buscan proteger la brecha aislante que existe entre líderes fuertes y seguros de sí mismos y subordinados obviamente débiles.

Unos son pastores sabios, los otros, torpes ovejas.

Por supuesto, tal jerarquía solo funciona cuando hay control excesivo. Cuando los que están arriba controlan todas las tareas. Las asignaciones y protocolos de la misión permanecen tal y como los oficiales asalariados las definen, como lo exija la institución.

Los dones individuales solo sirven para confundir aún más las cosas.

En las mega iglesias de hoy en día, por ejemplo, el liderazgo fácilmente cae en ministerios que giran alrededor del pastor, de grandes personalidades, y hasta de algún artista famoso. En resumen, sus ministerios se convierten en cultos a gente importante. Luego, por supuesto, la aparición de la propaganda, la manipulación, y las «facciones» en la iglesia, no se hacen esperar.

Pero hay un precio que pagar. Mientras los profesionales «presentan» la adoración en la plataforma, los miembros de la congregación se resignan a ser simples espectadores, observadores pasivos, «aspirantes a mudos», y «calentadores de bancas».

En el mejor de los casos, es adoración suplantada. El éxito del servicio depende de «cuan bien lo haya hecho el ministro». Y el resto de los «programas» en la iglesia sigue el mismo modelo.

Trajes de «Los Hermanos Brook»

¿Cómo es que desapareció tan rápido lo que nos enseñó la historia?

Cuando el cristianismo se convirtió en la religión del Imperio Romano, el obispo trasladó su asiento de en medio del pueblo al altar. Este se transformó en el sitio de honor y poder, y más tarde en el mismo trono. Luego el clérigo progresivamente le quitó al pueblo la posibilidad de adorar y se quedaron con ella... mientras el pueblo observaba.

Más tarde, la reforma simplemente cambió al sacerdote por un ministro y colocó un sermón en lugar de la comunión. Después el resto de la historia perpetuó estas distorsiones. El Siglo de las Luces transformó la predicación en adoración y la gerencia moderna transformó a los predicadores en ejecutivos.

Hoy en día muchos sacerdotes cristianos usan trajes de «Los Hermanos Brook».

¡Qué tragedia! Ninguna de estas cosas tiene origen cristiano. En realidad, el control autoritario y pasividad ciega van en contra del mismo fundamento del cristianismo. La noción de que «los seglares» son diferentes de «el clero» no tiene fundamento bíblico. Puesto que en el griego antiguo, «los seglares» están en el mismo grupo con el peón, el campesino, el amateur, el palurdo, y los inmundos».[5]

Aun la «iglesia» jerárquica que evidente en nuestras Biblias es un concepto preferido por «el Rey Jaime, quien por razones políticas *ordenó* a sus traductores usar (la palabra "iglesia") en vez de "asamblea" o "reunión" los cuales son términos más apropiados».[6] Por supuesto, estos últimos términos se refieren a una congregación menos estructurada, menos controlada, y menos monárquica, y el Rey Jaime estaba al tanto de esto.

Si bien hay clérigos «exitosos» que compiten por reputación, debemos recordar que Jesús «se despojó de la suya».[7] Él se deshizo de todos los privilegios y la dignidad que le pertenecía para poder asumir la posición de siervo.

«El antiguo modelo de supervisión no será adecuado. En muchos lugares hoy en día ya está en crisis o en ruina total».[8]

Un nuevo «sacerdocio de todos los creyentes»

Todas las encuestas efectuadas en las iglesias dicen que los miembros nacidos después de 1965 demuestran hostilidad hacia la jerarquía. Detestan «pertenecerle» a alguien como empleados. No les gusta recibir órdenes de sus oficiales asalariados.

En cambio quieren ser liberados y provistos de recursos para encontrar su propia voz, para iniciar sus propias ideas, para estructurar y moldear su propia misión. Sin embargo, quieren hacerlo formando parte de un equipo, sirviendo en un contexto más amplio, y trabajando con una familia más grande.

¡Y su visión ha llegado! Puesto que la era digital es un fenómeno del pueblo, un fenómeno que pone a todos por igual. Este potenciará a un nuevo seglar. Será el pionero de un nuevo «sacerdocio de creyentes».

Porque las iglesias que sobrevivan en el futuro tendrán que descentralizarse y ampliar su espectro de control. Ya la información no será «obligada» desde lo alto. Los creyentes desde abajo también «halarán» la información que necesiten... información al momento de necesitarla, para propósitos específicos, a la hora específica, y en lugares específicos.

Y todos participarán. Puesto que el nuevo medio no necesita de gran riqueza, empleados, edificios, recursos, o reputaciones. Ciertamente, la era digital permitirá que individuos creen soluciones que estén al nivel de grandes corporaciones.

¡En el futuro, lo «grande» ya no será intimidante!

Puesto que la computadora, en vez de acaparar el poder, lo coloca en las manos del usuario. De esta forma, cada individuo puede tener acceso a los recursos que necesita. Por ejemplo, cualquier computadora en la red puede convertirse en una estación de transmisión global. La capacidad de innovar es lo único que separará al «pez grande» del «pez chico». Ya sea que las iglesias rehusen conectarse al Internet o no, o decidan pasar de recursos electrónicos solo para espectadores a medios múltiples interactivos, la brecha entre el clero y los seglares seguirá desapareciendo. Y la adoración seguirá su transición de la plataforma al centro de la congregación.

Y por último, más poder surgirá del «entrelazamiento» de computadoras, de la sinergia de fuentes separadas, de equipos de inteligencia. ¡Será una victoria para todos! Ya que individuos y equipos de individuos pueden responder a las necesidades de forma más rápida, de forma más responsiva y más flexible que las instituciones obtusas.

«El poder jamás cedido por el individuo, nunca puede ser distribuido».[9]

Gobierno cristiano

Los nuevos poderes son poderes cristianos de antaño. Los antiguos no lo son.

Aparte de las escrituras, ninguno de los veinticinco mil documentos de los primeros años de la iglesia mencionan a un «clérigo», «ministro», «sacerdote», o «pastor».[10] Y la palabra «pastor» aparece una sola vez en el Nuevo Testamento aunque a menudo encontramos referencias a «ancianos», «obispos», y «diáconos».

En realidad, las palabras «anciano», «obispo», «diácono», «supervisor», «pastor», son intercambiables. Sin embargo, percátense de cómo Pablo instruye a Tito a nombrar no pastores sino más bien ancianos en toda Creta. Más específicamente, el anciano era un miembro más de la iglesia y no un líder santurrón con privilegios especiales.[11] Pedro, uno de los más grandes personajes del cristianismo, simplemente se autodenomina «anciano como ellos» y advierte a los otros «ancianos» a no ser tiranos con los que están a su cuidado.[12]

Lutero estuvo completamente de acuerdo, por lo cual creó la frase «el sacerdocio de todos los creyentes», creyendo que los cristianos eran sacerdotes unos de los otros y mensajeros de la gracia.

Ciertamente, a estos grandes hombres de Dios les encantaría ver como nos deshacemos de nuestro pesado pasado y como volvemos a la verdadera forma de gobierno cristiano.

«Tenemos dones diferentes, según la gracia que se nos ha dado. Si el don de alguien es el de profecía, que lo use en proporción con su fe; si es el de prestar un servicio, que lo preste; si es el de enseñar, que enseñe; si es el de animar a otros, que los anime; si es el de socorrer a los necesitados, que dé con generosidad; si es el de dirigir, que dirija con esmero; si es el de mostrar compasión, que lo haga con alegría».[13]

Las «buenas nuevas»

Este nuevo gobierno significa buenas noticias para todos,

¡incluyendo a los pastores! Cuando los líderes de la iglesia entrenan y potencian las pasiones de su congregación, cuando parecen más facilitadores que oradores llenos de retórica, cuando demuestran un espíritu humilde, manso, y transparente, y cuando modelan la formación de relaciones interpersonales, *su poder se expande.*

Y obtienen mejores resultados. Don E. Miller escribe: «Es riesgoso confiarle el ministerio a la congregación y al Espíritu Santo, pero el resultado es siempre más diverso, relevante, y la programación tiene mejor recepción».[14]

En realidad, es *menos* riesgoso, ya que estos líderes diversifican sus esfuerzos en vez de concentrarlos todos en un proyecto.

Este gobierno del nuevo milenio, constituye buenas nuevas también para la congregación. Visiones que antes dormitaban, ahora pueden ser liberadas para la acción. Puesto que cada persona puede hablar desde el contexto de un mundo entrelazado, cada voz amplificada puede impulsar más cambios que en cualquier otro tiempo en la historia.

Todo lo que uno necesita es una mente inspirada, ¡un espíritu amoroso, un teléfono, un modem y una computadora!

Los historiadores desde hace mucho han afirmado que una minoría creativa puede reestructurar la sociedad. Y los científicos, habiendo perdido la fe en la realidad material, ahora imitan un mundo que ha cambiado por el simple hecho de observarlo; un mundo donde el cambio más minúsculo en algún lugar remoto, tiene consecuencias que afectan todo el sistema.

Este asombroso poder, significa que el éxtasis de un alma o la creatividad colectiva de varias almas pueden crear olas lo suficientemente grandes como para cambiar el mundo.

Lo pequeño es lindo

Este gobierno boca arriba, fue modelado en la iglesia primitiva. La intención no fue nunca tener una fe obligada. Comenzó con individuos, luego pasó a familias, y finalmente a los vecinos.

Al fin y al cabo, la salvación comienza a nivel personal. Un cambio de opinión surge directamente de la verdad que surge del diálogo. Y la meditación de esta verdad construye relaciones estrictamente personales.

No tiene nada que sea institucional.

Luego después de este encuentro personal, se expande para incluir a la familia y también a otros. Por ejemplo, en la primera iglesia, se formaban vínculos personales a partir de pequeños grupos que se reunían en hogares. Y luego en la iglesia de la diáspora, el parentesco espiritual se formó a raíz de reuniones de liderazgo que se realizaban en las sinagogas.

Desde el principio, el concepto de «lo pequeño es lindo» obtuvo apoyo bíblico sin límites. El libro de los Hechos, por ejemplo, comienza con un pequeño grupo de discípulos.[15] Luego las epístolas evidencian la continuación de un liderazgo compartido... un «real sacerdocio»[16] de *todos* los creyentes. En realidad, con la unción adecuada, cualquiera podía ser un apóstol, o profeta, o evangelista.

Fueran líderes o no, lo cierto es que cualquiera podía dirigir la adoración:

«Que cuando se reúnan, cada uno puede tener un
himno, una enseñanza, una revelación, un mensaje
en lenguas, o una interpretación».[17]

A lo largo de las cartas de Pablo, nadie se vio exento del liderazgo personal. Con insistencia escribe, «exhórtense los unos a los otros», «edifíquense los unos a los otros», «prefiéranse los unos a los otros», «ámense los unos a los otros», «recíbanse los unos a los otros», «salúdense los unos a los otros», «sírvanse los unos a los otros», «perdónense los unos a los otros», «confórtense los unos a los otros».

Entonces, en cuanto a ofrecer los recursos necesarios a individuos se refiere, la iglesia primitiva es nuestro modelo.

Corrientes íntimas

Aunque parezca extraño, la economía global seguirá un patrón similar. Como dice Negroponte: «La era digital está basada en un modelo de ti como individuo y no como parte de un grupo».[18]

¡Estamos regresando a nuestras raíces!

La producción, distribución, educación, medios de comunicación, y entretenimiento masivo (en sus formas actuales) se están convirtiendo en cosas del pasado. Encontramos cada vez menos «caras que se esconden en la multitud».

Las redes globales también se están convirtiendo en la versión actual de la comunidad del primer siglo, esto es: compartiendo, o haciendo cosas «los unos por los otros». «A diferencia del radiocasete portátil, una revolución tecnológica que fomentó el aislamiento, la próxima ola será una de comunidad, de comunicación, y de compartir nuestro conocimiento».[19]

Asombrosamente, la era digital, quizás refuerce también a la familia.

Cuando los televisores se conviertan en computadoras (dentro de poco tiempo), el hogar se irá convirtiendo más y más en el centro de trabajo, aprendizaje, recreación, comunidad, cuidado médico, y hasta de compras y votación. Noten cómo la industria de películas en vídeo es más grande que la de películas de cine de Hollywood.

Vemos que muchas iglesias de hoy en día están volviendo

al modelo de la iglesia primitiva. Los creyentes están asistiendo a grupos pequeños y más íntimos. La mayoría de las iglesias en esta nación tienen menos de cien miembros, y más de cien mil dicen tener menos de treinta y cinco. Incluso, la mayoría de los movimientos cristianos más importantes están haciendo hincapié en asuntos referentes a *relaciones personales*. Cada día más, el «deslumbre, los parapetos, y las muletas de la adoración actual, están dando cabida a una experiencia más personal, íntima, e interactiva».[20]

Verdaderamente vemos tendencias hacia la intimidad.

El «temor del hombre»

Al voltear la iglesia boca arriba, liberamos el poder embotellado de los creyentes de base. Los límites desaparecen, los muros caen. La creatividad, los intereses, las decisiones, y el conocimiento de los individuos se conectan y crean algo de valor. Los parentescos, los lazos, comunidades y relaciones espirituales se entrelazan para crear comunidad. Y la iglesia se beneficia.

Cuando reducimos las pesadas infraestructuras creadas por líderes santurrones liberamos recursos para las misiones. Una nueva destreza y una nueva flexibilidad permiten a la iglesia crecer y cambiar junto con el mundo que la rodea. Una nueva tecnología y un nuevo paradigma permiten a la iglesia ser grande y pequeña al mismo instante... global y personal al mismo tiempo.

Una relación con Dios no se derrama desde lo alto de una estructura institucional. Más bien comienza pequeña, con una sola persona, y luego se extiende a la familia, los vecinos y finalmente al mundo.

Sin embargo, muchos no se percatan de esta verdad. Por lo cual habrá un creciente conflicto entre el antiguo cristianismo y la nueva iglesia, entre el conocimiento permitido y el conocimiento prohibido, entre los poderosos santurrones del pasado y los ungidos «yo no soy nadie» del futuro.

¿Por qué? Porque algunos líderes de la iglesia le «temen más al hombre» que a Dios.

«El conocimiento personal siempre es un desafío a las opiniones aceptadas y una amenaza a las instituciones establecidas... No es de extrañar que la iglesia ha sido precavida frente a estas afirmaciones».[21]

---

1 Negroponte, p. 229.

2 Hebreos 2:12.

3 Toffler, 81, 12.

4 Negroponte, p. 229-230

5 Rutz, p. 31

6 Rutz, p. 107

7 Filipenses 2:7

8 Mead, p. 55.

9 Rex Miller, notas no publicadas.

10 Rutz, p. 41

11 Rutz.

12 1 Pedro 5:1-3

13 Romanos 12:6:8

14 Donald E. Miller, p. 1-3.

15 Hechos 2: 42-46

16 I Pedro 2:9

17 1 Corintios 14:26

18 Negroponte, pp. 163-165.

19 Tapscott, p. 234.

20 LaMar Boschman, en una charla en el Instituto Nacional de la Adoración.

21 T. R. Morton, *Knowing Jesus* [El conocimiento de Jesús], Filadelfia, Westminster, 1974.

9. El cruce de fronteras prohibidas

Cualquiera, dondequiera, a cualquier hora, y de cualquier forma

La iglesia del futuro debe entrar por senderos previamente excluidos, debe invadir esferas sacerdotales restringidas, y debe cruzar fronteras piadosas prohibidas.

La tradición ha establecido que estas fronteras separenlo sagrado de lo secular, lo religioso de lo no religioso, lodevoto de lo profano, el clero de los seglares, el mundo y la iglesia, lo conocido y lo foráneo, y a «nosotros» de «ellos».A simple vista, estas polarizaciones defienden la estabilidad y la perseverancia; pero también rehusan ideas nuevas, y las alternativas en su oposición tienen escaso significado hoy en día.

La nueva misión exige que alcancemos a cualquiera, dondequiera, a cualquier hora y de cualquier forma. Como consecuencia, la frontera espiritual del siglo veintiuno ha de alcanzar almas «diferentes», en «diferentes» lugares, a horas «diferentes», y en formas «diferentes».

«Ahora existen literalmente miles de maestros espirituales que se trasladan a través de barreras culturales».[1] ¿Y por qué no lo hace la iglesia establecida? Al fin y al cabo, entre los recursos de la iglesia están incluidos la Biblia, el Espíritu Santo, el tiempo, el espacio, y los creyentes. ¡Los últimos cuatro son flexibles!

¿Por qué ha de haber restricciones?

Ciertamente en Suiza

«Nos encanta... poner límites a cuándo, dónde y cómo Dios puede obrar. Por ejemplo, Dios puede traer salvación en Cristo a alguien en la sala de una casa o en un culto ayuno, pero no en la oficina, barrios pobres, o en bares».[2]

La iglesia actual es una comunidad específica en un lugar y tiempo específico. El ser tan constantemente visible siempre servirá un propósito. Aun así, en este formato limitado por el tiempo y los edificios, la iglesia carece de la flexibilidad para responder a la realidad de un mundo digital.

En ese mundo, el espacio se convierte en ciberespacio. Las fronteras definidas entre el aquí y el allá se desvanecen. Ya no existe «un lugar para todo y todo en su lugar» escribe Marshall McLuhan. O quizás para decirlo de forma más cruda, «ya no puedes regresar a casa».

Puesto que los fragmentos de códigos de computadoras no tienen fronteras. Todo se ensancha y se achica al mismo tiempo. En realidad, este movimiento global es tanto la gallina como el huevo. Ya el asunto no es ni siquiera «cuál viene primero». Por ejemplo, es impulsado por habilidades globales al mismo tiempo que impulsa las locales.

Hay negocios que trabajan tanto a escala local como global. Socios que se desenvuelven más allá de antiguas fronteras. Oficinas que se hacen cada día menos un simple lugar.

Es un sistema global.

Solo percátense de las llamadas telefónicas que se hacen desde automóviles y aviones. Solo acuérdense que nuestra dirección de correo electrónico funciona en todo el mundo. Solo piensen que quien nos envía un mensaje no tiene la menor idea de dónde nos encontremos nosotros o el mensaje.

Esta omnipresencia, por supuesto, da por sentado que los obreros están trabajando en cualquier lugar. A los escritores urbanos y los agentes financieros, por ejemplo, les parece mucho más fácil (y divertido) trabajar en el caribe o en las islas del pacífico.

Tenemos ejemplos de comunidades en el Internet. Los «MUDs» [Conexiones para múltiples usuarios (siglas en inglés)] y los «MOOs» [Conexiones dedicadas a objetos MUD (siglas en inglés)] le permiten a los usuarios alrededor del mundo usar el espacio virtual al mismo tiempo. De hecho, los «MOOs» se han convertido en los clubes y las cafeterías, las barras y los cafés del Internet.

Seamos sinceros. Aun hoy el Internet alberga una «iglesia» virtual, puesto que el ciberespacio sirve de santuario —un lugar de refugio— para los inquietos cibernómadas.

«La vida digital ameritará cada vez menos el depender estar en un lugar específico a un tiempo determinado... Si en realidad pudiera mirar por la ventana electrónica de mi sala de estar en Boston, y pudiera ver los Alpes, oír las campanas de las vacas, y oler el estiércol (digital) en el verano, de cierta forma estoy ciertamente en Suiza».[3]

«En espíritu y en verdad»

Entonces las iglesias del ciberespacio funcionarán libres de limitaciones de tiempo y espacio. No serán territoriales, ni locales. Sus comunidades en el Internet serán comunidades dispersas, comunidades electrónicas, comunidades virtuales, lugares imaginarios donde aquellos de común fe se congregan.

Esta visión de una comunidad electrónica no significa que todas las iglesias se trasladarán al Internet. Lo que sí significa es que, todas las iglesias descubrirán un nuevo «espacio». Exteriormente parecerán las mismas pero pensarán de forma diferente.

Ya por último, hasta cambiarán su apariencia exterior.

Lo irrelevante de un «lugar» de adoración no sorprendería a la iglesia primitiva. Jesús dijo: «Porque donde dos o tres se reúnen... allí ESTOY YO en medio de ellos».[4] Y para añadir énfasis exhortó a la mujer samaritana a no adorar a Dios en un *lugar* sino «en espíritu y en verdad».[5]

Es crucial que las iglesias miren más allá de los viejos problemas de distancia y distribución. Pues el futuro es simple: la información, la comunicación, y la comunidad siempre fueron fundamentales para la iglesia, y cuando se manifiestan «en espíritu y en verdad» ¡allí está la iglesia!

> «Las iglesias virtuales pueden tener tanto mérito como las del mundo físico, en el sentido de que pueden proveer experiencias religiosas».[6]

El reloj depuesto

El tiempo, al igual que el espacio, están cambiando, puesto que los límites del tiempo significan poco en la era venidera. El tiempo digital se asemeja más a una «eternidad presente» donde la realidad sin fin del pasado y la realidad virtual del futuro inundan cada momento.

El tiempo digital también es flexible. Las redes de computadoras le permiten a los negocios trabajar a cualquier hora. Las compañías ahora abren las veinticuatro horas del día puesto que ¡atienden a todos los horarios del mundo!

La misma instantaneidad y la misma flexibilidad ya aparecen en las iglesias del Internet. La «palabra», por ejemplo, es un medio de acceso continuo. Ya no depende de la hora, o del tiempo requerido para entregarla.

Hasta las iglesias regulares o tradicionales muy pronto encontrarán la libertad que ofrece este nuevo «tiempo». Cada día más los servicios incluirán reuniones continuas. Ahora más abierta y con menos programas, la adoración fluirá como una conversación continua y la participación «instantánea» estarán a la orden del día. Boschman nos reporta que ya hay iglesias en

Rusia que tienen doce cultos cada domingo. Y en Argentina, algunas iglesias se reúnen diez veces al día casi todos los días.

Esto no debe sorprendernos. En el tiempo del Rey David, equipos de adoradores cantaban, danzaban, tocaban música, y profetizaban en turnos rotativos... ¡día y noche!

Todo esto representa buenas nuevas puesto que depone al régimen rígido del reloj. Seamos sinceros. Constantemente se nos obliga a ser puntuales para cosas que en realidad no ameritan las demandas de la puntualidad. Una nueva definición del tiempo nos permitirá vislumbrar un significado luminoso a través y más allá de lo absurdo y monótono de los relojes.

Mientras las iglesias avistan el futuro digital, necesitamos descubrir formas para ganar almas en cualquier lado, y a cualquier tiempo. Entonces, al atravesar estas fronteras, estas viejas barreras de espacio y tiempo, el tiempo mismo comenzará a borrarse.

Una camaradería radical

La iglesia también debe atravesar las brechas interculturales, las fronteras entre «ellos» y «nosotros». Debe superar sus propios métodos miopes e integrar la verdadera diversidad. Puesto que la palabra digital derrumbará las murallas ideológicas.

Aunque la revolución digital (como la música de rock) atrae a todas las culturas, todavía tiene un efecto «individualizante». Prospera en la diversidad y honra la individualidad.

En el pasado, las fuerzas étnicas y nacionales empujaron la iglesia. Sin pedir disculpas, los misioneros recrearon el mundo secular a su propia imagen cultural. Para algunos, por ejemplo, Jesús era sin lugar a dudas de raza blanca y europeo. Se descalificó a la diversidad y se dio entusiasmo a la igualdad.

En cambio, hoy en día, las redes de computadoras cuestionan nuestras suposiciones autoritarias. Cada día más las iglesias están adoptando formas de adoración que no son como las de su tradición histórica. Por ejemplo, encuestas recientes nos revelan que un sesenta y seis por ciento de los inconversos aceptarían solamente una experiencia en la iglesia «personal», y «no institucional».[7]

Es evidente que la iglesia debe explorar significados interculturales, expresiones multiculturales, y hasta modismos contra culturales. Al fin y al cabo, el Cristianismo comenzó como un movimiento en contra de la cultura, en contra de las ideas aceptadas. Aun así, este movimiento era muy generoso, e incluía a todos. En realidad, era una camaradería radical. Pablo dijo que en Cristo «no hay judío ni griego, esclavo ni libre, hombre ni mujer».[8]

Y, después de dos mil años. La visión de Pablo está regresando. El crecimiento global de la iglesia frenéticamente cruza barreras culturales e indiferentemente pasa por alto los rótulos denominacionales.

«Por causa de la decadencia, la forma de vivir del mundo occidental, pierde cada día más las posibilidades de convertirse en el modelo principal»[9]

Halar en vez de empujar

Luego, los líderes deben romper las viejas barreras de la comunicación.

La iglesia continúa con paradigmas obsoletos de difusión a distancia.

Ella todavía sigue viejos modelos de información «forzada». Aún continúa usando los medios unidireccionales (que pronto serán obsoletos): tales como los libros, los casetes, la televisión, y la radio. Todavía hace guardia sobre las antiguas puertas del evangelio y todavía se enreda en los detalles de la historia de «la religión de nuestros padres».

En resumen, las buenas nuevas son algo que se nos impone.

A su vez, nos convertimos en espectadores pasivos, en oidores sin cuidado, en recipientes ingenuos en los cuales la iglesia derrama el evangelio. Y a menudo, el éxito depende de la manipulación promocional completa con su emoción y su novedad.

Pero en la era digital, ¡los que escuchan son los que están a cargo! Ellos son los que inician los hechos. Ya que las computadoras van más allá del paradigma de la «entrega» hacia la participación abierta, las relaciones dinámicas, y las respuestas inmediatas.

Tapscott lo llama «la era de la inteligencia interconectada».[10]

Después de todo, el medio digital «dialoga». Su información fluye «en ambas direcciones». Si se define a grandes rasgos, el «Internet» simplemente permite que todas las computadoras del mundo se comuniquen. Cada computadora reina soberana, sin embargo funciona como compañera de otras. Ella escoge su propia información, responde con una opinión y luego dice: «Dime más».

El halar ha reemplazado al empujar.

Una nueva evangelización

Las señales de los tiempos revelan este nuevo paradigma.

Ya el Internet nutre el diálogo en línea. Las charlas que van de uno a varios y de varios a varios crean entusiasmo entre los «grupos noticiosos», «grupos de usuarios», las «carteleras», y las «listas de servicios». Los miembros pueden dirigirse al grupo completo para hacer preguntas, comentarios, y aprender de otros. Tanto los entrenadores como los simpatizantes alrededor del mundo pueden encontrar su propio nivel de acceso.

Estos diálogos requieren tanto el «halar» como el «producir». Podemos tener acceso a la red y consultar algo de la forma en que lo hacemos en una biblioteca o en una tienda de vídeos. Podemos indagar información, programas, y servicios. Podemos explorar lo que nos interesa y descubrir lo que nos guste.

Al mismo tiempo, también somos «productores». Cada viajero en la autopista digital se convierte en un productor cuando crea y envía mensajes, cuando comparte el diálogo en una sala de charla, cuando cambia el final de una película, o aun cuando prueba un automóvil virtual.

Esto significa que la evangelización cambiará. Lo hará al encontrar el nuevo significado de vecinos, al honrar un nuevo diálogo... como resultado del respeto a los semejantes autónomos, el viejo paradigma de manipulación en masa fracasará. Si tan solo la iglesia pudiese entenderlo.

«Trasbordador Hallazgo... habla control de mando»

Una vez más estamos hablando más que de una iglesia en el Internet, puesto que la iglesia actual (conectada o no) también cambiará. En muchos aspectos, volverá al medio oral de la iglesia primitiva. Por ejemplo, se hará más interactiva.

Al fin y al cabo, uno de los aspectos que más distingue al cristianismo de las religiones orientales es la «interacción»; una creencia fundamental que abarca tanto el recibir pasivamente como el responder activamente.

Los primeros estudios hebreos, por ejemplo, favorecían la interacción entre el texto y el comentario, entre la «palabra» y la perspicacia personal. Este era el caso en todos los comentarios talmúdicos. Era una meditación «activa y pasiva». O como escribe Richard de San Víctor «la meditación investiga; la contemplación se pregunta curiosamente».

La adoración del primer siglo adoptó la misma interacción. En realidad, cada adorador tenía que ver con el resultado de la adoración. En otras palabras, la adoración no era algo que se le hacía «a» o «para» los creyentes, sino que lo hacían «los» creyentes.

A excepción de Jesús y Pedro, cuando se dirigieron a las multitudes, el medio oral de los primeros cristianos no «difundió» a las masas. La mayoría del tiempo proferían una palabra *rhema*: un mensaje específico, a una persona específica, en una ocasión específica, la cual requería una respuesta específica.

Rex Miller tiene una excelente metáfora para el regreso de la iglesia primitiva:

> «La congregación entera tendrá un nuevo énfasis en el "servicio" semejante a la forma en que una sala de mando participa en el lanzamiento y aterrizaje de un trasbordador espacial. La tripulación está en el espacio, y nosotros estamos en la sala de mando. Y todo está vinculado por la tecnología».

Computadoras en camellos

Esto quiere decir que los fragmentos de código de computadoras deben hacerse cada vez más «fáciles de usar». Para poder entender bien el mensaje, primero tenemos que aprender el idioma. La sintaxis debe satisfacer a un pueblo en particular, a una cultura en particular. Por lo cual la iglesia debe capacitar a gente genuina, a hablar de asuntos genuinos, en ocasiones genuinas, y en un lenguaje genuino.

La iglesia primitiva nos provee el ejemplo. Sus símbolos, aunque foráneos hoy en día, surgieron de una vida secular. Sus escritos, aunque elegantes hoy en día, brotaron del lenguaje callejero. Entonces es hora de que nuestra tecnología migre del cerebro al corazón, de la torre de marfil a la torre de control, de la teoría a la práctica. O como lo dijo Sally Morgenthaler:

«No sería nada responsable prescribir irrelevancia en una era cuando ¡menos de tres de cada diez personas consideran a la iglesia relevante! Si algo debemos hacer, es aumentar nuestra capacidad de hablar en el vernáculo actual».[11]

Esto significa que la misión de la iglesia del nuevo milenio debe proveer acceso «fácil de usar» a cada ciudadano global. Afortunadamente, las computadoras cada día más serán más accesibles y más baratas. Muy pronto, como el omnipresente radiocasete portátil, las computadoras montarán los camellos del Sahara. Sin embargo, la iglesia debe asegurarse de que nadie se quede por fuera.

«Estamos entrando en una era donde la expresión tiene la capacidad de ser más participativa y más viva».[12]

Diversión fuerte

Por último, la iglesia debe romper las barreras generacionales. Puesto que «las fuerzas dominantes (en el Internet) no son sociales o raciales o económicas, sino generacionales. Los ricos y los pobres *ahora* son los jóvenes y los viejos. En realidad (es) el verdadero cisma cultural».[13]

Esta es la primera generación que nació en hogares con computadoras. Y todavía más importante, esta es la primera generación que «jugó» con computadoras. En realidad, los niños actuales, se sienten apasionados por la fuerte diversión de los juegos ricos en información. Los avanzados juguetes con los que juegan hoy y las herramientas sofisticadas con las que trabajarán algún día, son los mismos.

«Es algo casi genético el que cada generación será más digital que la anterior».[14]

Incluso hoy en día, la edad promedio del usuario del Internet es de veintiún años y va menguando,[15] y la feroz competencia fuerza a esta juventud progresista a innovar constantemente.

Es claro que los jóvenes llevan el mando.

En el pasado, la iglesia complacía a los jóvenes solo para poder reemplazar a los viejos. ¡Para poder sobrevivir! Pero hoy en día, catalogar a los jóvenes de «la próxima generación» será un trágico error. Ellos son la «generación de ahora», y mientras más rápido lo entendamos, mejor.

«Confiemos en los jóvenes... Ellos han tenido la ventaja de crecer con estos nuevos adelantos, y será su responsabilidad emplear estos nuevos instrumentos para fomentar un diálogo más amplio e intenso entre todas las diversas razas y clases que comparten este "globo menguante"».
Papa Juan Pablo II[16]

1 Thompson, *Coming Into Being* [Realizándose], p. 261.

2 Morgenthaler, p. 79.

3 Negroponte, p. 165.

4 Mateo 18:20.

5 Juan 4:21-23.

6 Lars Bjoen Nielsen, «Do God and Cyber-Angel Surf the Net?" [¿Usan el Internet Dios y los ángeles cibernéticos?] Internet, http://www.winet.dk/kunder/kirke/feature/godsrf-e.htm, 10 de febrero, 1996.

7 Morgenthaler, p. 235-238.

8 Gálatas 3:28.

9 Solzhenitsyn, p. 839.

10 Tapscott, p. xv.

11 Sally Morgenthaler, p. 31.

12 Negroponte, p. 224.

13 Negroponte, p. 6, 204.

14 Negroponte, p. 231.

15 Tapscott, p. 20.

16 Nielsen.

IV. Lo profético

10. Se necesita una nueva «palabra»

En busca de milagros

El arte de contar historias va cambiando. Primero, los sabios declararon sus historias. Luego las plasmaron en texto. Hoy, por supuesto las difundimos con imágenes. ¿Y mañana?

Ya las palabras de mañana se mueven demasiado rápido para garantizar su pasado a partir de un futuro más lento. Emergen nuevas historias en formas totalmente desconocidas según previos patrones. Y los pensamientos digitales vuelan terriblemente rápido más allá del espacio y el tiempo conocidos.

A menudo se le llama «el fin del modernismo», y hasta cuestiona nuestro punto de vista privilegiado, nuestro cuento singular, nuestra armoniosa historia.[1] Hoy, por ejemplo, la voz cristiana, solo es una entre muchas. Sí, es cierto que podemos alcanzar a todo el mundo, pero también lo puede hacer cualquier otra voz, cualquier otra fe, cualquier otra creencia.

Nada los puede detener.

Porque en el ciberespacio, se nubla la diferencia entre el

«aquí» y el «allá». La diferencia entre el «ellos» y «nosotros» deja de existir. Y, como es de esperar, la diferencia entre la ortodoxia y la herejía se hace trivial.

¿Cómo podemos pretender tener la última «palabra» cuando el futuro rechaza tal privilegio?

No es suficiente que la iglesia adopte habilidades modernas, no es suficiente contar mejores cuentos, no es ni siquiera suficiente saber los últimos modismos. Se requiere algo milagrosamente diferente.

¿«Palabras» religiosas?

Si, la iglesia confía en la palabra de Dios. Pero muy a menudo también confía en «palabras religiosas»: la estructura y rutina de letanías y liturgias. Entonces el clero y las congregaciones «hacen doctrinas», «efectúan credos», y programan ceremonias de ciertas formas.

Estas son las «palabras» adecuadas, las oraciones fijas y los rituales legislados por los santurrones profesionales. Al fin y al cabo, la «liturgia» exige «una forma "establecida" de servicio religioso». Pero estas confesiones cuidadosamente elaboradas a menudo surgen de un fingimiento teológico: «Aquí lo hacemos bien, pero allá lo hacen mal».

Las historias de estas liturgias amontonan una tradición sobre otra, cada una inmutable, cada una «divinamente instituida». Sin embargo, como las capas de una cebolla, debemos deshojar cada dogma que hemos añadido para regresar a donde comenzó la iglesia. Pero a los cautelosos clérigos no les gusta pelar cebollas, por lo cual fuerzan estilos obsoletos sobre una sociedad secular. «Le hemos pedido a los inconversos someterse a una dolorosa circuncisión cultural para poder convertirse al cristianismo».[2]

Luego, nuestras mejores intencionadas «palabras» se

convierten en «la perfección de la precisión vacía, desalmadas e insensatas, letales, e inmaculadas en su vanidad».[3]

¿«Palabras» griegas?

Muchos cristianos también confían en palabras «lógicas», palabras «creíbles», palabras «confiables», palabras «eruditas». Y durante siglos, estas palabras han sido aquellas oficialmente ordenadas por los primeros griegos.

En realidad, la civilización occidental ¡es más griega que cristiana!

El legado teológico, filosófico, y científico de los griegos a menudo ha reemplazado a las Escrituras como la «palabra» definitiva, especialmente después de la invención de la imprenta. Con la aparición de la palabra impresa, comenzaron a difundirse libros *sobre* la Escritura, y luego libros sobre libros, intérpretes respondiendo a intérpretes, textos imitando a textos, en una larga y tenebrosa historia intelectual.

Y en algún lugar de este camino, los hechos de la fe reemplazaron la experiencia de la fe, la verdad objetiva reemplazó a la verdad subjetiva, y la razón reemplazó a la revelación. Por ejemplo, la mayoría de los creyentes institucionales encuentran su «palabra» a través de conocimiento, o sea a través de argumentos racionales, apología religiosa, razonamiento crítico, y juicio sagaz. Un tipo de filosofía divina. Descarte, el padre de la filosofía moderna, dijo: «Pienso, luego existo». Y además: «El verdadero conocimiento viene solamente de la razón».

Pero Carl Jung llamó a los fieles descendientes de Descarte: «Traficantes de la razón».

Los primeros griegos también engendraron la ciencia moderna. Por lo tanto hoy, la verdad espiritual debe soportar la prueba de los hechos objetivos, las pruebas observables, y las estadísticas confiables. Después de todo, el término griego que significa verdad (*aletheia*) significa «realidad». Esta realidad, por supuesto, exige divorciar los hechos de las emociones, mente del cuerpo, e intelecto de intuición. Tanto los liberales como los conservadores están de acuerdo con estos mandamientos, puesto que «después de todo, Dios debe ser reducido a ideas manejables». Esta «palabra» creíble, esta palabra literal, se siente especialmente en casa con la página impresa y su prima retórica: la palabra especializada impulsa a los predicadores. «El predicador hizo un buen trabajo», dicen los espectadores críticos cuando son persuadidos por la retórica del lenguaje eficaz y del argumento lógico. Por tanto en estas iglesias... la adoración y el sermón son los mismos.

La última lápida

Pero los griegos perdieron, ¡en su tiempo y ahora! Los eruditos posmodernos «se muestran muy sospechosos de cualquier interpretación de la realidad que atribuya estabilidad, solidez y validez permanente a los mundos de nuestro discurso».[4] Para decirlo de otra forma, las palabras de hoy son solo palabras. O más de forma más siniestra: algunos eruditos creen que nuestras palabras son simples «conceptos de conciencia falsa impuestos por los que están en el poder».[5]

Aun las «palabras» científicas han cambiado. El pasado mecánico y racional ha dado cabida a un futuro dinámico y creciente. Y los últimos conceptos físicos se mueven más en un cosmos de música que en el ámbito de las matemáticas. De hecho, la realidad de ayer rápidamente se convierte en mito.

Pero la era digital colocará la última lápida sobre nuestro difunto legado griego. «En la computadora, el texto... adquiere una elasticidad como la de la arcilla para el alfarero. Puede ser moldeado y remoldeado. Puede ser torcido, reordenado y restaurado. En consecuencia, el significado del texto, es tan maleable como el texto mismo».[6]

En resumen, la autoridad del texto desaparece.

Además, las palabras digitales duran menos. Tan pronto como nos confrontan son reemplazadas rápidamente por nuevas palabras. Y en su efímera vida, el intercambio entre el texto y el consenso reorganiza constantemente el conocimiento. O, a menudo, este conocimiento hace las veces de un moderno y deshecho «lenguaje técnico para piratas de computadoras y vendedores de Coca-Cola en una sociedad global»[7]

Este legado griego, en vías de extinción, no representa gran pérdida, puesto que las palabras griegas, según San Pablo, nunca revelaron, de ningún modo, sabiduría espiritual. Pablo afirmó que la palabra de Dios no es «palabra de [simples] hombres». Los «tesoros de sabiduría» a los que se refería Pablo, por ejemplo, no eran «inteligencia», ni «una facultad crítica», ni «entendimiento».[8] Porque el reino de Dios, él dijo, no es cuestión de «palabras» sino de «poder». Por lo cual dio su mensaje sin «gran elocuencia y sabiduría». Él no se rebajó a predicar «con palabras sabias y elocuentes».[9]

Seamos sinceros, las preguntas básicas de la vida en la antigua Grecia siguen sin respuesta hoy en día. Porque en definitiva lo que nos convence son los cambios a nivel emocional y no solamente los argumentos racionales.

«Demasiados ministros... dedican horas y horas a la preparación de sermones, ingenuamente inadvertidos de que el sermón, tal y como lo conocemos, está muerto».[10]

¿«Palabras» actualizadas?

También, muchos líderes bien intencionados buscan palabras «actualizadas». Y en realidad, la declaración del evangelio usando palabras que estén de moda suena inteligente... pero nos obliga a preguntar. Ya que no vasta solo con «odres nuevos», fue el mensaje implícito de Jesús, también debemos tener «vino nuevo».[11]

Si solamente tenemos odres nuevos, el paquete nada más, significa tener relevancia sin fondo, lo secular sin lo sagrado, la carne sin la fe. En pocas palabras, ¡el contenido se hace negociable! La Biblia lo dice de esta forma: «No den lo sagrado a los perros, no sea que se vuelvan contra ustedes y los despedacen; ni echen sus perlas a los cerdos, no sea que las pisoteen».[12] Y luego, «nosotros no somos de los que trafican con la palabra de Dios».[13]

Sin embargo, las iglesias influenciadas por el mercado están vivas, aunque no muy saludables. Ellas comienzan preguntándole a la sociedad secular qué es lo que quieren que sea la iglesia. Toman estas corrientes de moda y se las empacan para la carne de sus feligreses. En resumen, estos administradores de lo sagrado casi «falsifican» la adoración. Y, por supuesto, sus iglesias terminan no solo «en el mundo» sino también «del mundo».

Quizás podemos decir que «el fin justifica los medios». Pero los problemas surgen cuando elevamos los medios como si fueran el fin mismo. En vez de que «el Verbo se haga carne» «la carne se hace Verbo».

Tomemos como ejemplo a la música cristiana contemporánea. Sin duda, habla el lenguaje de nuestros días. Sin duda, ejerce su poder en el ámbito global. Pero si le quitamos todas las palabras religiosas, frecuentemente solo quedan sonidos seculares. Y estos sonidos, por sí solos, solo celebran lo que somos y no quién es Dios. Simplemente nos miramos en el espejo.

Aunque parezca extraño, el tal llamado «nuevo» en estas corrientes de moda, no tiene nada de nuevo. Al fin y al cabo, existe una diferencia entre las «tendencias» y las «transformaciones». Por ejemplo, las congregaciones se cansan fácilmente de la simple novedad, y cuando lo hacen, caen en rituales vacíos tanto con lo «nuevo» como con lo viejo.

«Que nadie os engañe. Si alguno de ustedes se cree sabio según las normas de esta época, hágase ignorante para así llegar a ser sabio... "El Señor conoce los pensamientos de los sabios y sabe que son absurdos».[14]

¿«Palabras» antiguas?

Pero algunos líderes tienen sospechas de las tendencias baratas. Estas «palabras» del futuro los asustan. Entonces reaccionan al cambio; con tristeza escudriñan el pasado y con ansias restauran sus antigüedades. Esta nostalgia, por ejemplo, recientemente impulsó la grabación de música monástica a la cumbre de la popularidad.

Está claro que debemos escudriñar las profundidades de la iglesia primitiva. Debemos explorar las páginas perdidas de su historia. ¡Esto se debe convertir en nuestra noble causa!

¡Pero los cristianos hebreos no son nuestros salvadores! Sus «palabras» culturales no son *la* palabra de Dios. El hecho de que el evangelio se haya desarrollado en una cultura en particular no significa que la cultura misma es sagrada. Si así lo fuera, entonces todos los hombres debieran circuncidarse, y los que se enojan con ira santa debieran rasgar sus ropas.

Sin embargo, un melancólico anhelo del pasado a veces cruza fácilmente una línea prohibida. Separa el pasado mismo como si fuera un sacramento. Convierte viejas metáforas en objetos de asombro intrínseco y poder místico. Aun en aquellos tiempos, Jeremías advirtió que la confianza en la religión externa sin ningún tipo de lazos al Señor es engañosa. En

cambio él pidió por nuevas «palabras» escritas en el corazón».[15]
«Si solo amaras a Dios lo suficiente, pudieras seguir
sin temor todas tus inclinaciones». San Agustín

¿«Palabras» de una nueva era?

Mientras que iglesias denominacionales confían en «palabras» griegas o en «palabras» antiguas, y las iglesias posdenominacionales todavía confían en «palabras» populares, la mayoría de los líderes pasan por alto a ambos grupos. Ellos prefieren en cambio, «palabras» de una nueva era. Estos pioneros de la vanguardia adoptan la filosofía prevalente del «nuevo mundo»: un misticismo global que es personal, irracional, y donde todo se vale.

Juan escribió: «En el principio ya existía el Verbo», e insistió que este Verbo todavía reina. Pero Juan no conocía a los de la nueva era de hoy en día. Puesto que ellos conocen una «quizá» verdad, resbalosa, relativa, pragmática.

«Todo depende», les gusta decir.

Con la nueva era, la verdad existe solo con su aprobación; solo si parece bien al momento, solo si se ajusta al contexto. Y luego la justifican.

Sin duda que las fronteras de la ciencia se abren a realidades relativas que van más allá de nuestros más ambiciosos sueños. Pero el introducir estas revelaciones a las engañosas vidas de almas imperfectas, a los juegos en que participamos, a nuestra continua guerra con el egoísmo, solo logrará distorsionar nuestro tenue dominio de la verdad.

Porque entonces la verdad se convierte en opinión, la fe en escepticismo, los hechos en fantasía, la libertad en libertinaje. La era digital solo exagera esta corrupción. Pronto, el mundo manipulará una verdad «virtual», «cortará y pegará» una «palabra» de la nueva era, y amontonará un conjunto de creencias. Y lo hará todo con el consenso cuestionable de una «conciencia global».

«La inteligencia artificial, la vida artificial, y la realidad virtual están involucradas en... una completa desconstrucción de todo el sistema de valores». William Irwin Thompson[16]

Por lo tanto, ni las «palabras» religiosas, ni las griegas, ni las actualizadas, ni las antiguas, ni las de la nueva era, nos pueden llevar al nuevo milenio. Ni tampoco su estilo, ni su tradición, ni su doctrina, pueden manipular la presencia de Dios.

En un debate entre estas «palabras», todas pierden, porque son fines seleccionados por humanos. Después de todo son solo «palabras». La adoración es, primero que nada, un encuentro con Dios; lo que nosotros «hacemos», solo tiene un lugar secundario.

Definitivamente necesitamos algo diferente.

Hace casi tres mil años atrás, Oseas explicó la diferencia, las reglas de este encuentro divino, el lenguaje de otra palabra. Entonces funcionó, y demostrará ser un requisito en el nuevo milenio. En el próximo capítulo exploraremos esta vieja, aunque «nueva» palabra.

---

1 Lochhead «Technology, Communication and the future,» [Tecnología, comunicación, y el futuro], una charla en la conferencia Ecunet '95, Baltimore, MD, 24 de mayo , 1995.

2 John Smith, un líder de iglesia australiano, citado por Morgenthaler, p. 127.

3 Stephen Lawhead, *Arthur* [Arturo], Grand Rapids, Zondervan Publishing House, 1996, p. 219.

4 Lochhead, *Shifting realities:Information Technology and the Church* [Realidades que cambian: La tecnología y la iglesia], Geneva, WCC Publications, 1997, p. 97-100.

5 Oímos este comentario entre los «deconstruccionistas» de la hermenéutica radical.

6 Lochhead, «Theology and Interpretation: A Footnote to McLuhan». [Teología e interpretación: un comentario sobre McLuhan], Internet, http://www.interchg.ubc.ca/dml/martin.html. (Este ensayo fue publicado inicialmente en el Journal of Theology, Dayton, United Theological Seminary, 1994.

7 Thompson, *Coming Into Being* [Realizándose], p. 135.

8 W. E. Vine, *A Comprehensive Dictionary of the Original Greek Words with their precise Meaning for English Readers*

[Un diccionario exhaustivo de palabras griegas originales y su preciso significado para lectores del idioma ingles], Peabody, Massachusetts, Hendrickson, 1989, p. 1244.

9 1 Tesalonicenses 2:13; Colosenses 2:3; 1 Corintios 4:20, 2:1,4.

10 David Bell, *The Cyberchurch* [La iglesia cibernética], libro no publicado.

11 Marcos 2:22.

12 Mateo 7:1-16.

13 2 Corintios 2:17.

14 1 Corintios 3:1-18.

15 Jeremías 7:3-11; 31:31-34.

16 Thompson, p. 151.

11. El redescubrir de la *damah*

Del monólogo al diálogo

Las realidades y estilos de vida que cambian exigen una iglesia que cambia. Pero las medidas superficiales de *auto*reforma (*nuestra* reforma), no pueden mover la mano de Dios, no importa cuánto lo intenten. La adoración no es un horizonte más alto de comportamiento piadoso. Ni tampoco es una aguda convocatoria de la presencia de Dios. Seamos sinceros, ningún ritual tiene poder intrínseco. Puesto que un símbolo, como dice Tillich, «solo indica en dirección al poder al que apunta».

¿Qué significa esto?

Significa que la adoración es un diálogo, no un monólogo; es una unción, no un procedimiento; una inspiración, no un invento. Significa que la adoración reclama su propio lugar y su propio tiempo; su propia forma y su propia manera; su propia familiaridad o falta de ella. Y significa que la adoración se mueve fácilmente tanto dentro como fuera de la religión; tanto fuera como dentro de la tradición; tanto fuera como dentro de la piedad.

Sencillamente, la adoración se manifiesta cuando el Espíritu se hace carne y la carne toma Espíritu. Y este diálogo puede ocurrir en cualquier ocasión, en cualquier lugar y de cualquier forma.

Por muchos años, por ejemplo, cantamos *acerca* de Dios. Nuestros himnos, y cánticos nos proclaman cosas maravillosas que Dios ha hecho. Más recientemente hemos descubierto el cantarle *a* Dios. En otras palabras, las letras de las canciones, pasaron de la tercera persona a la segunda persona. ¡Ahora es tiempo de dejar que Dios cante también!

El futuro promete tal diálogo.

Diálogo y *damah*

¿Pero cómo?

El profeta Oseas ya nos lo dijo. ¡Y sin embargo, no nos damos cuenta!

Oseas describió tres formas a través de las cuales Dios habla a los fieles: 1) a través de «profetas» (creyentes inspirados), 2) a través de «visiones» (revelaciones directas e intuitivas), y 3) a través de *damah*, que en hebreo significa «comparaciones de semejanzas».[1] Hoy en día, estas comparaciones intuitivas de parte de creyentes inspirados se deben llamar «metáforas proféticas».

En otras palabras, la *damah* de Oseas y la «metáfora profética» significan lo mismo en estos capítulos.

A fin de definir un poco más la profecía de Oseas, un profeta es un creyente inspirado que expone su visión a otros. Una visión es una revelación intuitiva que habla más al corazón que a la mente. Y *damah* es el «formato»: las palabras, la música, etc., que los profetas incluyen con su visión.

En otras palabras, sin *damah* no hay forma, no se imparte la visión, y en sí no hay adoración. Por tanto, *damah*, se convierte en el diálogo esencial de la adoración: un diálogo entre los creyentes y su Dios. Esta realidad se hace cada vez más crucial, ya que descubriremos que la era digital nos regresa a la era de la *damah*.

Pero primero recordemos las palabras de los escritores bíblicos inspirados. Ellos fueron creadores de comparaciones y contrastes; artistas de analogía y afinidad, virtuosos de similitudes y semejanzas. En resumen, hablaron el lenguaje de la metáfora profética.

Aun desde el principio Dios dijo: «Hagamos al ser humano a nuestra imagen y *semejanza*».[2] Y más tarde Ezequiel, entre otros escribió: «El Señor me dirigió la palabra ... cuéntale una parábola».[3] Entonces Ezequiel declaró una «semejanza»,[4] una semblanza, una comparación de lo común con lo poco común, de lo real con lo irreal.

Jesús retomó las mismas similitudes sacras cuando dijo «¿Con qué vamos a *comparar* el reino de Dios? ¿Qué parábola (*damah*) podemos usar para describirlo?» Y cuatro versículos más adelante, Marcos dijo que Jesús, «no les decía *nada* sin emplear parábolas».[5] En realidad, las parábolas y milagros de parábolas confirmaron la totalidad de su ministerio. Y finalmente, dijo Pablo, su propia muerte y resurrección fueron metáforas de nuestra propia vida y muerte en esta tierra.[6]

En resumen ¡Cristo fue la metáfora definitiva!

Más tarde, Pablo hizo eco una vez más de la verdad que presentó Oseas: Lo que «ningún ojo ha visto, ni oído ha escuchado ... lo que Dios ha preparado» «Ahora bien, Dios nos ha revelado esto por medio de ... verdades espirituales en términos espirituales».[7] Y así continúan, una metáfora sagrada después de la otra, a través de toda la Biblia. Evidentemente, la intención de Dios es de hablarnos a través de *damah*, a través de la metáfora profética.

La definición de *damah*

Pero esta metáfora no es una metáfora literaria, no es una simple forma de hablar, ni un truco mental. Por muchos años, los expertos agruparon todas las metáforas en una cesta común de modismos coloridos. Pero ahora conocen otra metáfora que no tiene nada que ver con tales inteligentes diseños. Ahora conocen una metáfora que tiene el poder de apuntar más allá de nuestro mundo conocido, más allá de nosotros, y más allá de la metáfora misma.[8]

La metáfora tampoco es una herramienta de la mente lógica o natural. Según Pablo, «escrita no con tinta sino con el Espíritu del Dios viviente ... (en) los corazones».[9] Por ejemplo, cuando Pablo escribió: «Así que la fe viene como resultado de oír el mensaje, y el mensaje que se oye es la palabra de Cristo», estaba hablando de la palabra *rema*: una palabra que habla primero al corazón.[10]

Esto significa que la *damah* (o la metáfora profética) requiere emoción. De su propia voluntad, las palabras de Oseas despiertan las memorias escarlatas del pecado y el gozo puro como la nieve. Pero ellas despiertan una emoción «que sabe» una emoción espiritual; no la indecisa y seudo piadosa emoción del alma natural. Porque *damah* es un lenguaje «de otro mundo» que habla con una emoción «de otro mundo». La palabra «metáfora», por ejemplo, viene del griego *metaphora* que significa «llevar de un lado a otro». Y, en este caso, nuestros sentimientos espirituales traducen significado de un ámbito al otro.

¡Esta es la mera naturaleza de la adoración! A través de señales que perciben los sentidos, nuestras sensaciones adquieren significado. Aun expertos seculares confirman este lenguaje intuitivo. Frank Barron reporta: «La intuición depende ... (tanto) del sentimiento como de la metáfora».[11] Y el teólogo Robert Webber se refiere a las «señales y símbolos» de nuestra adoración como «vehículos de la presencia».[12]

Un modelo perfecto

Pero *damah* tiene más que sacra emoción. *Damah* también era el «arte» de los antiguos hebreos. Y, como explicó Oseas, los profetas hebreos también eran artistas.

La mayoría de los libros proféticos de la Biblia, por ejemplo, son oráculos líricos o canciones poéticas. Por lo que, las habilidades artísticas eran una necesidad profética. Cuando Josafat le pidió a Eliseo que profetizara, él dijo, «¡que me traigan un músico!»[13] Cuando David nombró profetas, él exigió músicos (¡doscientos ochenta y ocho en total!).[14] En realidad, los profetas y los artistas estaban tan íntimamente vinculados que Ezequiel se quejó cuando los que le escuchaban lo consideraron un «intérprete como cualquier otro».[15]

Y los profetas no se limitaron a la música. Algunas veces dramatizaban su unción. Oseas, por ejemplo, dijo que las metáforas de Dios eran «efectuadas por los profetas».[16] En realidad, Jeremías, Ezequiel, y Oseas todos tenían ministerios de drama.[17]

Solo recientemente hemos descubierto que las reglas de la *damah* —las reglas para la metáfora profética— representan la propia estructura del arte, un modelo perfecto del arte, en ese entonces y ahora.[18] El redescubrimiento de esta verdad antigua promete revelaciones increíbles. Si entendemos las leyes de esta metáfora, finalmente entenderemos las leyes de todas las artes, entenderemos el asombroso poder de la adoración, y el lenguaje posmoderno de la era digital.

Sin embargo, debemos ser cautelosos. Esta *damah* antigua contenía entendimientos más amplios del arte y la adoración que los que tenemos actualmente. Hoy en día, por ejemplo, dividimos al arte en esferas artísticas autónomas: música, poesía, artes visuales, drama, y danza. Pero los hebreos no lo hacían así. Para ellos el simple hecho de partir el pan liberaba poder cósmico.

Y hoy, por error, dividimos la adoración en momentos santos aceptables; separando a los sacramentos de lo superfluo, lo significativo de lo insignificante, lo piadoso de lo profano, lo bello de lo feo, lo digno de lo indigno, la «alta misa» de la «baja misa»... y todas las otras secuelas de reputación dudosa de los gnósticos y de los griegos seculares.

En cambio la *damah*, es el lenguaje de la vida: la vida ordinaria y común. Y, como una sala de espejos, habla a través de la adoración en múltiplos sin fin de forma, tiempo, y espacio. Es por eso que este momento histórico es verdaderamente significativo. Puesto que el mundo de medios múltiples y sentidos múltiples de la era digital demostrará ser el perfecto albergue para las potentes metáforas proféticas. Y la interacción intensa e innovadora de este nuevo medio ambiente prometerá una plataforma perfecta para las voces proféticas potenciadas.

De ideas a imágenes

Debemos apresurarnos a tomar esta oportunidad.

Pero nuestras razones racionales y sentidos sonoros no se adaptan bien a las referencias ocultas de la metáfora profética. «¿Por qué no decirlo directamente?» «¿Por qué todo este artificio?» Hasta los discípulos se sintieron más cómodos cuando Jesús dejó de hablar en acertijos: «Ahora sí estás hablando directamente, sin vueltas ni rodeos».[19]

¿Por qué entonces? Porque nuestros ojos naturales y nuestra mente natural «no pueden», dice Pablo, «entenderlo (a Dios)».[20] Pero cuando nos trasladamos de la carne al espíritu, nuestro conocimiento pasa de ideas a imágenes, de lo abstracto al drama viviente, del pensamiento simple a la proyección profética. Por esta razón el teólogo H.A. Williams insiste: «Podemos conocer a Dios "absolutamente" solo a través de la analogía y la metáfora».

Hasta la salvación, escribe Johathan Edwards, requiere sensibilidad a las imágenes de la belleza. Él estaría de acuerdo con el salmista: «*Prueben* y *vean* que el Señor es bueno».[21]

Por último, debemos admitir la metáfora en nuestras propias jornadas de vida. Usemos la palabra «jornada» como ejemplo. A menudo decimos: «Ha sido un largo y duro camino», «ahora estoy marchando al ritmo de otro tambor», «tomé el sendero menos transitado», «y de ahora en adelante tendremos buen tiempo».

En resumen, la vida es una jornada y la jornada es una metáfora.

Los estilos y las tradiciones de la adoración vendrán y pasarán, pero la *damah* permanecerá. Nada puede ser más básico, nada merece menos nuestra ceguera, y nada puede prevenir su versión digital. Entonces comencemos a entender la metáfora profética; su dinámica, sus habilidades, sus ideas...

---

1 Oseas 12:10.

2 Génesis 1:26.

3 Ezequiel 24: 1-3.

4 Ezequiel 1:28.

5 Marcos 4:30, 34.

6 Romanos 6:5.

7 1 Corintios 2:9-13.

8 El trabajo de Paul Ricoeur es típico. Los temas centrales de este conocido filósofo hacen énfasis en la metáfora y el lenguaje religioso. Véase Lewis Edwin Hahn, editor de *The Philosophy of Paul Ricoeur* [La filosofía de Paul Ricoueur], Chicago, Open Court, 1995.

9 2 Corintios 3:3. Paréntesis del autor.

10 Romanos 10:17.

11 OMNI, abril, 1989, p. 44.

12 Robert E. Webber, *Worship Old & New: A Biblical, Historical, and Practical Introduction* [La adoración vieja y nueva: una introducción bíblica, histórica, y práctica], edición revisada, Grand Rapids, Zondervan Publishing House, 1994, p. 29.

13 2 Reyes 3:11-16.

14 1 Crónicas 25:1, 7; 2 Crónicas 29:30.

15 Ezequiel 32:33.

16 Oseas 12:10.

17 1 Reyes 2:29-32; Jeremías 13: 1-9, 27:1-7; Ezequiel 4:1-3, 5:1-4.

18 Hausman, p. 231.

19 Juan 16:29.

20 1 Corintios 2:14.

21 Salmo 34:8.

12. La dinámica de la *damah*

«La carne hecha verbo»

Es la voluntad de Dios acercarse y que se le acerquen. Y él claramente demostró este proceso con sus profetas. Esto se efectúa a través de la *damah*, o lo que denominamos la metáfora profética. Y esta metáfora —esta comunión divina— se erige como un mandato en el nuevo milenio.

La metáfora profética tiene tres simples elementos: 1) lo «conocido», 2) lo «desconocido», y 3) lo «trascendente». El poder sagrado los necesita a los tres.

Cuando Isaías dijo: «¿Son sus pecados como escarlata? ¡Quedarán blancos como la nieve!»,[1] las palabras «escarlata», «blancos», y «nieve» (por sí solas), no tenían nada que ver con el pecado. En el mundo racional, no tenían sentido. Sin embargo, el profeta comparó estas palabras conocidas en referencia al pecado desconocido. Él mantuvo la tensión entre lo que es y lo que no es. Él estableció una posible relación entre lo supuestamente semejante, aunque en realidad no era semejante.

¡Y los resultados fueron trascendentes! El pecado y la gracia se vieron inusualmente resaltados a la luz de las manchas escarlatas y la inmaculada nieve.

Paralelamente, estas tensiones entre lo «conocido» y lo «desconocido» también están presente en las artes. Ellas aparecen en cualquier forma de arte ¡y en varios niveles al mismo tiempo! Esto no debería sorprendernos. Ya hemos aprendido que una metáfora profética es una pequeña obra de arte.[2] En realidad ella representa la estructura misma del arte: ¡Un modelo perfecto del arte! En su forma más simple, por ejemplo, los pigmentos de pintura son simplemente materia y no tienen ningún vínculo con el panorama de la obra de la que son parte. Los fragmentos de piedra son solo minerales y rehusan afinidad alguna con las caras en una estatua. Y las vibraciones de sonido son meras moléculas y nada saben de las emociones en una canción.

Sabemos que la pintura, la piedra, y el sonido son factores comunes, pero en la *damah* del arte, nos trasladan a otro mundo. Y aunque de forma tácita, intuitivamente nos preguntamos: «¿Qué tienen que ver estos factores comunes con estas sobrecogedoras emociones?»

Las mismas dinámicas: lo «conocido», lo «desconocido», y lo «trascendente», también están presentes en la adoración... o en cualquier lugar o momento cuando «el Verbo se hace carne».

Lo «conocido»

Hay buenas razones para justificar lo «conocido» en una metáfora profética. Primero, la verdad habla a través de símbolos conocidos. En definitiva, Dios se dignó a hacerse carne, incluyendo sentidos de sentido común. ¡Ellos son relevantes! Y hoy en día, esta relevancia se hace más y más apasionante; ya que la vida se mueve cada vez más rápido, y tenemos que asirnos de algo.

Ese algo es un lenguaje en común: las palabras con las que compramos y hablamos. Ese algo es nuestra tradición: nuestra forma de pensar, nuestras nociones establecidas. Y por último, ese algo es la vista y el oído, el gusto y el tacto, el aroma y el ritmo de lo conocido y amistoso. En resumen, atesoramos todo aquello que le llegue de segundo solamente a nuestra cara y nuestro nombre. Y aunque las doctrinas de la iglesia parezcan nuestras, lo que no es verdaderamente conocido, usualmente no es «religioso».

Aun así, las metáforas proféticas de la adoración no pueden existir sin lo «conocido». Cuando lo esperado, la rutina y lo creíble parece ausente, lo «desconocido» se convierte en un caos confuso. O, cuando lo ordinario, lo obvio, y lo ordenado parece faltar, lo «desconocido» puede convertirse en algo aterrorizante.

Entonces, lo «conocido» en la metáfora profética ¡debe ser evidente! Por ejemplo, debemos conocer la nieve antes de poder entender la «nieve» de Isaías. Especialmente en un mundo global. De otra forma, lo «conocido» en una cultura sería «desconocido» en otra; el lenguaje codificado en una institución sonaría extraño en otra, el estilo actualizado de una congregación parecería foráneo en otra.

Lo «desconocido»

Interrumpiendo lo «conocido» en la metáfora profética, y atravesando su relevancia común, marcha audazmente lo «desconocido». Y con buena razón. Lo «desconocido» es lo único que desmantela a un pasado gastado, planta las semillas de nuevas posibilidades y permite la jornada de clara revelación.

En el principio, por supuesto, lo «desconocido» simplemente difiere de lo «conocido». La «nieve» en Isaías, por ejemplo, es completamente diferente al «pecado». Entrometiéndose impertinentemente, lo «desconocido» muestra cómo se desvía, y está en desacuerdo, con lo «conocido». Sin temor hace alarde de cualquier cosa que es contradictoria, que está fuera de lugar, que no se relaciona. Se arriesga a la total destrucción de lo inesperado, a las transgredidas reglas de lo requerido, y al desmantelamiento de la rutina diaria.

Y, al igual que con lo «conocido», las metáforas proféticas de la adoración son una imposibilidad sin lo «desconocido».

Cuando lo desconocido juega y la parodia brilla por su ausencia, lo «conocido» parece rancio, parece nauseabunda rutina.

Cuando no se perturba, tal como en una feria, lo ordinario, lo «conocido» se vuelve tedioso y pesado.

Entonces es importante que la «nieve» de Isaías esté en total desacuerdo con el «pecado» y la «gracia». Es necesario que su comparación suene increíble. Y es preciso que proclame esta contradicción con denuedo.

Una relación recíproca

Pero el verdadero secreto de *damah* no es ni lo «conocido» ni lo «desconocido». Es más bien la tensión entre ellos, el suspenso en su relación recíproca, el riesgo en su camaradería.

Es lo que sucede cuando los juntamos.

Comparar cosas que no se pueden comparar produce la irracionalidad, tontería, enigma, o paradoja en la metáfora. Esa es la razón por la cual los libros *Apócrifos* se refieren a *damah* como «sutil», «oculta», y «oscura».[3] Aun así, dentro de esta oscuridad nos damos cuenta de que algo está sucediendo, sentimos un leve movimiento hacia adentro, sentimos una seducción divina.

Esta seducción fluye a través de la unidad de fondo y relevancia, de poder interior y forma exterior, de libertad y orden. Crea una adoración que es de otro mundo, pero está en este mundo. Dispuesta al misterio pero también segura y familiar; no tan familiar que se haga mundana, pero tampoco tan desconocida que se haga irrelevante.

Sin embargo, las metáforas proféticas no siempre son atractivas, no siempre son cómodamente «religiosas». Puesto que pueden declarar tanto el misterio fascinante como el poder aterrorizante. Pueden pintar tanto fealdad insoportable como belleza sobrecogedora. Pueden reflejar tanto tragedia mundana como triunfo fuera de este mundo.

¡Todo al mismo tiempo!

Y aun, esta asombrosa energía, este principio vivificante, no viene de la metáfora misma. Según nos reporta Paul Recoeur, viene «de otro lado». O, nuevamente como nos dice Tillich, «nos enseña basada en el poder desde el cual nos enseña». Entonces esta tensión entre lo «conocido» y lo «desconocido» simplemente representa, responde, o dramatiza. El suspenso en sus diferencias simplemente mira «a las cosas que no se ven» y le da «sustancia» a su visión.[4]

Entonces los líderes de iglesia del nuevo milenio se pueden comparar a pescadores con lanzas, que tiran sus lanzas en lugares donde no hay peces, sabiendo que la imagen original se refracta en el agua.

Sin embargo, los lectores apreciarán esta confesión: a pesar de que las dinámicas de la *damah* parezcan fáciles a simple vista, en el fondo son complejas. Esto es porque varios niveles de tensión, suspenso, y riesgo suceden al mismo tiempo entre lo «conocido» y lo «desconocido»; entre la metáfora y el poder al cual nos indica, entre este mundo y otro mundo, y a menudo, entre varias metáforas al mismo tiempo.

Después de todo, la «Escritura» al mismo tiempo revela y oculta.[5]

La misma borrosidad entre señales presentes y fuentes ocultas aparece en la «realidad virtual» de la era digital. Algo «virtual» «existe en esencia o efecto aunque no en realidad». Aun así, es básicamente lo mismo que la realidad representa.[6]

Por último, sin embargo, ya sea en la iglesia o no, ya sea en la realidad presente o en la realidad virtual, la pura revelación solo llega a un «corazón puro».[7]

Un rascacielos virtual

Echemos un vistazo más adelante. Utilicemos la música como ejemplo:

Los artistas siempre se preguntan cómo es que solamente doce notas en la escala musical pueden crear tal variedad sin límite. Ahora sabemos que la música nace de la tensión entre lo «conocido» y lo «desconocido». Metáforas sobre metáforas, una jerarquía celestial virtual. Y estas metáforas extienden la credibilidad en varios niveles al mismo tiempo.

Primero tenemos la tensión básica entre el sonido y la música. El sonido natural es parte rutinaria de la vida. Es conocido. Pero cuando se le transforma en música, deja de ser común. Deja el ámbito de la realidad. Si un reportero repentinamente canta las noticias, como si fuera una ópera, nos sentiríamos avergonzados ¡y hasta horrorizados!

Y aun así, esta tontería sucede constantemente en la música. Por tanto, nuestra arruinada razón busca respuestas intuitivas.

Considere estas metáforas: a nuestro sentido auditivo lo damos por sentado. Es conocido. Y el sentido común lo separa de los otros sentidos. Sin embargo, en la música también *sentimos* tonos «cálidos». O también *vemos* voces «brillantes». Entonces, una vez más encontramos tensión entre lo «conocido» y lo «desconocido», entre simplemente oír o «sentir»la música.

Pero la historia de nuestra lógica continúa.

Escuchen hablar a los músicos. Sus palabras describen el «movimiento» de la música: Sus pasos, saltos, cambios, carreras, marcha, empuje o relajamiento. ¡Pero la música no se «mueve»! Las notas pueden cambiar: más altas, bajas, rápidas, lentas, fuerte, piano; ¡pero no se pueden mover!

Nos encontramos de nuevo con «cambios» conocidos, y «movimiento» desconocido.

También existe una interrupción temporal en la música. La música se mueve en su propio «tiempo», o sea, refiriéndose a la *experiencia* del tiempo no al tiempo del reloj. Su tiempo va más rápido o más lento. Su duración se estira o se encoge. ¡Y hasta se mueve más allá del tiempo! Sin embargo, la música no puede alterar el conocido intervalo de un minuto o la duración común de una hora.

La música también establece un estado emocional, y nosotros lo aceptamos con regularidad. ¡Hacemos funcionar centros comerciales y haciendas lecheras con ella! Pero la paradoja de estados emocionales contrastantes —como la lucha y la celebración ¡en la misma canción o en el mismo momento!— crea una tensión interna que nos impulsa hacia el Espíritu. Aun así, se nos olvida que es la tensión *entre* dos estados emocionales (y no el abuso de uno en particular) lo que provee trascendencia.

Por último, todos los elementos de la música interactúan: melodía, armonía, ritmo, textura, timbre, y forma. Lo «conocido» y lo «desconocido» juegan no solamente entre cada elemento, sino también dentro de cada elemento. El ritmo, por ejemplo, contiene un «pulso» común, un toque superficial como el del reloj que se asemeja a nuestro aburrido respirar. Pero la ruptura de este pulso con ritmos desconocidos, con puntuaciones sorprendentes, produce una maravilla anonadante.

La misma maravilla ocurre cuando una melodía cruza en contra de su propia dirección, cuando la armonía viola su propia tonalidad.

En realidad encontramos muchas metáforas en la música. Tenemos otros ejemplos en las tensiones que existen entre las tradiciones pasadas y las transiciones modernas, entre los acontecimientos musicales y la música misma, entre el medio de la música y las otras formas artísticas.

Y así sucesivamente... vez tras vez. Un rascacielos virtual... un piso metafórico sobre el otro.

La iglesia viva

La iglesia nunca está más viva que cuando conoce lo siguiente: cuando conoce las dinámicas de la metáfora profética. El rey David, en la cumbre de la adoración hebrea, combinó las reglas conocidas con la espontaneidad desconocida. Sus músicos calificados, por ejemplo, también hacían las veces de profetas inspirados.[8] Jesús enseñó con el lenguaje secreto del día, sin embargo, asombró a sus escuchas con su contenido oculto. Hasta sus comunes discípulos tenían dificultad con sus mensajes crípticos.[9] Y Pablo exhortó a los creyentes con la unión poco usual de una mente con sentido común y un espíritu práctico. Él oraba y cantaba tanto con su intelecto como con su intuición.[10]

Y esta paradoja continuó. Más tarde los cristianos retuvieron sus tradiciones judías conocidas, más francamente proclamaron que sus cuerpos reemplazaron al templo y sus almas al sacerdote.[11] Ellos guardaron también la antigua costumbre del sacrificio religioso. ¡Solo que ahora Cristo era el cordero del sacrificio!

El cristianismo, en realidad, nació de colocar lo «conocido» a un lado con lo radicalmente «desconocido».

Después, a través del oscurantismo de la misa en latín desconocida, lo único que mantuvo a la iglesia viva, fueron las experiencias sensoriales de la música conocida, las campanas, los gestos, las procesiones. Mientras estaba en Europa Oriental, la iglesia ortodoxa sobrevivió solamente por la poderosa tensión entre un Dios distante e inconocible y un Dios personal y conocible: Un Dios «que *sin embargo* habita entre nosotros».[12]

La Reforma continuó, al principio, con ceremonias católicas crípticas; mientras que Martín Lutero simplemente añadía favoritos conocidos, tales como las baladas de bares. Sin embargo, muy pronto, metáforas proféticas irrumpieron en avivamientos eclesiásticos sin número. Los puritanos hicieron énfasis en el conocimiento intelectual de la palabra, pero escucharon con su corazón.[13] Los cuáqueros practicaron gran refreno personal, sin embargo hablaron bajo compulsión del Espíritu Santo. También exigían un gran nivel de conocimiento bíblico, sin embargo se postraban ante el misticismo corporativo.[14]

Hoy en día, una segunda reforma rodea la iglesia afro americana. Sus versiones pentecostales y carismáticas han tocado cada creyente en todo continente, y continuarán moldeando la religión en el siglo veintiuno.

¿Por qué?

Una vez más, los elementos trascendentales de la *damah* entran en juego. Las profundas tensiones entre lo «conocido» y lo «desconocido» albergan trascendencia. Los afro americanos celebran su gozo, por ejemplo, con la misma música que lloraban cuando estaban en esclavitud. Y a pesar de que su música sigue siendo una improvisación movida por el espíritu, todavía se postra a lazos estéticos tácitos.

Y los predicadores afro americanos valientemente rompen las disciplinas blancas de retórica griega con imágenes inspiradas, con narrativas vigorosas, cadencias calmadas, y emociones potenciadas. En pocas palabras, mezclan lo sagrado y lo secular, lo excelente y los terrenal, lo eterno y lo temporal.

Esta yuxtaposición de lo «conocido» y lo «desconocido» es ¡la iglesia viva!

Lo «trascendente»

Pero solamente si lo «trascendente» en la metáfora está vivo.

Percátense.

Primero, nos percatamos de la mundana realidad de las imágenes conocidas: sonidos y visiones, roces y sabores, afirmaciones y estilos. Luego nos encontramos contradicciones a estas realidades: las tensiones desconocidas entre imágenes en conflicto. Luego nos encontramos un nivel figurativo o simbólico: el enigmático vínculo entre estas ideas sin relación. Repentinamente, conceptos extraños tales como «belleza terrible» o «furiosa calma» desafiaron la credibilidad y exigieron ser descifrados.

En estos momentos solamente podemos intuir el sentido, la idea, o el tenor de su significado. Y, si tienen metáforas proféticas, su tenor transcenderá el individuo y la sociedad.

Esto, al fin y al cabo, es el objetivo de la adoración.

Esta trascendencia comienza con un «conocimiento» espiritual que se evoca o se siente estéticamente (de la misma forma en que percibimos belleza). Escuchamos música, por ejemplo, con nuestro oído, pero percibimos su significado con un oído «interno». En otras palabras, la metáfora, se desenvuelve entre el oído y el oído interno, entre lo sentimental y lo práctico.

Este es el lenguaje del espíritu, porque lo que «nace del Espíritu es espíritu»[15] Este es el lenguaje de lo tácito porque «el reino de Dios no es cuestión de palabras sino de poder».[16] Y este es el lenguaje de la emoción, porque sin sentimientos la metáfora profética no puede existir.

Paul Valery también lo llamó «un lenguaje dentro de un lenguaje». Y Hans Urs von Balthasar lo llamó el lenguaje de la belleza porque «la revelación divina tiene un carácter intrínsicamente estético... en la forma que adopta y la respuesta que evoca». Por último, es el lenguaje del drama personal, porque apela directa e intensamente al corazón.

De acuerdo a la sabiduría de San Pablo, estas «emociones santas» atestan que «el poder de Dios» obra en nosotros.[17]

Luego, algo más sucede. Tarde o temprano, la mente y el corazón se juntan. La época divina ilumina la razón ciega. Y creemos en el lazo que existe entre lo que sentimos y algo real en el «exterior». Entendemos una coherencia, una armonía, una unidad entre las cosas entrelazadas.

En resumen, finalmente entendemos nuestros sentidos.

Y este cambio de percepción cambia al que percibe. Es una transformación del corazón, no una simple revisión de la opinión. Es una nueva relación con Dios y no una nueva creencia sobre Dios. Porque «¡Lo viejo ha pasado, ha llegado ya lo nuevo!»[18]

«Luego, estando con ellos a la mesa, tomó el pan, lo bendijo, lo partió y se lo dio. *Entonces se le abrieron los ojos y lo reconocieron....*»[19]

Lo que no es

Quizás es más fácil entender lo que no es *damah*. Número uno en la lista: no es una metáfora literal ni una simple forma de hablar.

En pocas palabras: «El medio *no* es el mensaje». Con todo el respeto a Marshall McLuhan, las metáforas literales y las proféticas son diferentes. Mientras que las metáforas literales son el mensaje, las proféticas son solo los mensajeros... los medios de cambio. Las metáforas proféticas en otras palabras, no son ni materiales ni inmateriales; no son ni materia ni espíritu, sino más bien puentes entre estos dos ámbitos.

La verdad se revela a través de ellos pero no en ellos.

Cualquier cosa que es profética se libera de su tendencia natural. Entonces una metáfora trascendente va más allá de nosotros, aun más allá de la metáfora misma. Cuando el salmista cantó: «El Señor es mi roca, mi amparo»,[20] no estaba cantando ni de una «roca religiosa» ni estaba disfrutando de un concierto de rock hebreo. El salmista y el salmo fueron más allá de sí mismos.

En otras palabras, *damah* no es algo que inventamos: una catarsis ingeniosa de nuestras pasiones estancadas. Puesto que «ninguna profecía surgió por voluntad del hombre». «Nunca surgió por impulso humano». De hecho, los profetas bíblicos a menudo se confundían con lo que proclamaban. Y hasta Pedro se quejó que ¡Pablo escribió cosas difíciles de explicar!»[21]

Por eso es que Walt Whitman escribió esa «música» que está «más cerca y más lejos» que la música o los músicos. Por eso San Agustín dijo: «Vemos una cosa y entendemos otra». Y por eso es que una metáfora profética ¡no tiene que ser «religiosa» para ser religiosa!

Obviamente, entonces, el mensaje de esta metáfora no es algo previamente conocido, ni esperado, ni el pasado recalentado, ni una reorganización de ideas previas. Y por estas razones, su verdad no puede ser parafraseada ni reafirmada en otras formas.

Entonces en este ambiente profético, lo familiar se hace extraño, y lo extraño se hace familiar.

Oro falso

Sin embargo, en medio de cosas de valor, imitamos a las cosas de valor. Simulamos plata y oro, por ejemplo, más que el hierro y el cobre. No es de sorprender, entonces, que presentemos una trascendencia fabricada, como si fuera la verdadera. Y así continúa nuestra lista de lo que «no es *damah*»:

Una metáfora profética no es una habilidad intelectual o un truco de filósofo. No es, por ejemplo, el «razonamiento dialéctico» de Hegel. Puesto que la dialéctica de Hegel y la *damah* de Oseas son diferentes. A decir verdad, el método de Hegel comienza con una tensión entre dos pensamientos opuestos. Pero él resuelve la tensión con un tercer pensamiento que simplemente combina lo mejor de los dos puntos de vista. En otras palabras, Hegel simplemente crea una nueva idea de viejos conceptos. Pero en la *damah* de Oseas, alguien más es el creador. Lo «nuevo» es *totalmente* nuevo, y descubrimos que somos simplemente descubridores.

Aquí hay otra imitación:

El surrealismo. Este estilo artístico de moda tuerce el espejo metafórico. Si hace hincapié en las imágenes intuitivas, incluyendo efectos al azar y comparaciones inesperadas, pero sus imágenes son irracionales, y no trascendentes, pasivas y no proféticas, permisivas y no prometedoras. En efecto, el surrealismo busca cualquier cosa que sea extraño, irreal, distorsionado, torcido, y hasta demoníaco. En resumen, solamente logra traer a la superficie lo sucio de almas enfermas.

De forma más directa, este impostor deforma la realidad, mientras que la metáfora profética «informa» la realidad. La Escritura nos advierte: «Sométanlo a prueba». El surrealismo insinúa «vengan todos».

Por último, hay una diferencia entre la trascendencia occidental y la oriental. Los místicos orientales y sus imitadores de la nueva era se niegan a sí mismos, pero todavía más, ellos «aniquilan» al individuo. Dejan de pensar, buscar, sentir o decidir. Por el contrario los místicos cristianos, afirman el «nuevo individuo» que permanece libre y consciente y no sin dirección ni indefenso.

Las versiones orientales de la trascendencia buscan un vacío sin imágenes o emoción, mientras que las versiones occidentales adoptan tanto la metáfora como la emoción. El cristianismo, por ejemplo, «crucifica» solamente esas emociones que nos separan de Dios. Nuestras «otras» emociones son renovadas, no arruinadas.

Como resultado, los místicos orientales miran a un espacio vacío, mientras que los profetas de *damah* ven una presencia manifiesta. Por ejemplo, hace tiempo que el arte occidental ha hecho manifiesto lo que era desconocido. Encontramos esta promesa en Platón, Aristóteles, Dante, Spencer, Andel, Kant, Jaspers, Ricoeur, Whitehead, Dewey, Heidegger, y muchos otros artistas y eruditos.[22]

Por último, la trascendencia oriental es totalmente pasiva, mientras que la trascendencia occidental es paradójicamente activa y pasiva. Al fin y al cabo, hay una inmensa diferencia entre los místicos «flotantes» y los profetas «que se remontan».

La lista de imitadores continúa, pero cualquier cosa que no sea *damah* ¡solo atrae oro falso!

Un hológrafo santo

Sin embargo, la *damah* no puede encerrar la verdad de Dios. En cambio refleja porciones de la verdad de Dios. Entonces Pablo tenía razón «profetizamos de manera imperfecta».[23] Pero con cada acontecimiento de la *damah*, surgen capas adicionales de significado... se levantan varios patrones de entendimiento.

Hay un antiguo refrán que dice: «El que canta ora dos veces». Con metáforas proféticas sin fin, oímos todo un coro de cantantes espirituales. Y Dios mismo se une al coro celestial.

Estas voces resonantes demuestran que la adoración no es una práctica doctrinal, sino una fuga polifónica: múltiples melodías tejiendo semejanzas que se elevan. Ellas quieren decir que la adoración siempre está «sucediendo», que nunca es rutinaria o común. E implican que la adoración siempre se reforma, no solo de lo que hacemos, sino también de lo que Dios hace.

De mayor importancia es que estas voces prometen una época dorada para la iglesia en el nuevo milenio. Porque el medio digital hará posible el mayor calidoscopio de imágenes y mutaciones de patrones desde el principio de la narración inspirada.

Y aun así, dentro de este potencial, la iglesia se guarda un gran secreto de la sociedad secular: Estamos descubriendo que el reino de Dios es un hológrafo santo. Quizás profeticemos en parte, pero en su hológrafo, «¡la totalidad está en sus partes!»

1 Isaías 1:18.

2 Hausman, p. 231.

3 Eclesiástico 39:1-5, *Libros Apócrifos*.

4 Hebreos, 11:1.

5 Mateo 13:10-17.

6 Lochhead, *Shifting Realities* [Realidades que cambian], pp. 96,97.

7 Mateo 5:8; 2 Timoteo 2:22.

8 1 Crónicas 25:1,7.

9 Juan 16:29.

10 1 Corintios 14:15.

11 1 Corintios 3:16-17; I Pedro 2:9.

12 Frank Burch Brown, *Religious Aesthetics: A theological Study of Making and Meaning* [Estética religiosa: Un estudio teológico del hacer y el significado], Princeton, New Jersey, Princeton University Press, 1989. pp. 125,126.

13 Robert E. Webber, Editor, *The Complete Library of Christian Worship* [La biblioteca completa de adoración cristiana], Nashville, Star Song Publishing Group, 1994, II, pp.80-82.

14 Webber, II, p. 86.

15 Juan 3:6.

16 1 Corintios 4:20.

17 1 Corintios 2:4,13.

18 2 Corintios 5:17.

19 Lucas 24:30-31.

20 Salmo 18:2.

21 2 Pedro 1:21; 1 Pedro 1:10-12; 2 Pedro 3:16.

22 Brown, «Characteristics of Art and the Character of Theological Education» [Características del arte y el caracter de la educación teológica], *Theological Education*, Volumen XXXI, Number 1, Autumn, 1994, p. 10.

23 1 Corintios 13:9

13. Metáforas perdidas

¡Pero las metáforas todavía se pierden!

Las tres dinámicas de la *damah* deben potenciar la adoración. Cualquier *damah* —o metáfora profética— a la cual le falte lo «conocido», lo «desconocido» o lo «trascendente», fracasará. Porque las metáforas proféticas solo funcionan bajo leyes espirituales específicas. Es posible romper sus reglas. Es posible hablar su lenguaje incorrectamente.

Y en nuestras iglesias se pierden muy a menudo. Con dolorosa precisión ahora exploraremos varios ejemplos de metáforas perdidas en nuestra adoración.

I. Cuando falta lo «conocido»

Algunos reformadores perciben a la tradición como enemigo: la fuente de todos sus problemas. Usualmente son grupos disidentes que no guardan esperanza para «una historia gastada y sin razón de ser». Por lo que consideran cualquier cosa obsoleta su gran chance, y cualquier cambio su gran oportunidad.

Ellos anhelan romper con el pasado.

A principios de este siglo, los pentecostales rompieron con el pasado. Como citamos anteriormente, «proclamaron un "fin de la historia", una "nueva era", y una «era posmoderna» mucho antes que fueran inventados cualquiera de estos términos de moda».[1] Sin duda que trajeron un precioso mover del poder de Dios a nuestro tiempo. Pero en ese entonces, como ahora, a menudo obviamos lo mismo que obviaron los corintios: nuestro «espíritu y entendimiento».[2]

Pablo lo llamó «ignorancia».[3]

Tanto los futuristas fanáticos y los espiritualistas llenos del espíritu, creen que el ser «extravagante» es ser espiritual. A menudo buscan *solamente* lo desconocido, lo raro, lo extraño, lo excéntrico, lo fuera de este mundo. Ellos creen que su locura tiene sentido, pero su libertad para hacer lo «extravagante» a menudo se convierte en la tiranía de lo «extravagante».

Y lo «conocido» se pierde en lo «desconocido».

Pero la misma metáfora perdida persigue a lo entusiastamente nuevo tanto como a lo entusiastamente viejo. Cuando el clero medieval testarudamente mantuvo el desconocido latín como el lenguaje oficial de la adoración, la misa se convirtió cada vez más en un misterio, en algo del otro mundo, y hasta en superstición.

La religión, arcaica y críptica, sirvió una oscura doctrina.

Al mismo tiempo, el clero (el cual armó este misterio), esquivó cada vez más a sus feligreses. Prefirieron la jerarquía antes que el cuerpo. Por lo cual ellos también se volvieron «espantosos», «sagrados», «intocables», y «repartieron» la salvación.

Lo «conocido» de cierta forma fue profanado. Y en muchas iglesias todavía lo es.

Sin la mediación de lo «conocido», sin una correlación con la vida, las religiones crípticas se vuelven oscuras, silenciosas, vacías. Y Dios se convierte en un vacío santo, una trascendencia negativa, una ausencia absoluta, una indiferencia negativa.

Algunos hasta dicen que «Dios está muerto».

Caos, cacofonía y vicariato

A simple vista parecería que solo los reformadores radicales y liturgistas austeros son los que ignoran lo «conocido».

Pero no es así. Aun las populares iglesias «libres» lo rehúsan. Tal y como un énfasis excesivo en lo acético conlleva al «misterio de lo desconocido», también un énfasis excesivo en la libertad conlleva «al caos de lo desconocido».

«Dejándolo salir todo».

Como lo dice Pablo, nuestros espíritus ya no están bajo nuestro control.[4] Cuando lo sublime pierde contacto con lo común, lo «desconocido» se cercena de lo «conocido»; la espontaneidad da lugar a la anarquía, y la fe se cae de su fundamento.

No existe un marco de referencia, no hay forma de juzgar lo que sucede.

Estos viajes gratis se asemejan a experiencias con drogas. Puro fuego sin refulgencia. Pura visión sin revelación. Y sus metáforas perdidas no reflejan ninguna realidad... excepto quizás la de Satanás mismo.

En estas iglesias, lo «conocido» desaparece en otras formas también (a veces de forma inocente). Por ejemplo, en los servicios de «farándula» la plena tecnología del sonido reforzado puede hacer muy «viva» la acústica natural y crear un ambiente de confusión. A esto le añadimos música mal ensayada y mal tocada, y el resultado es una cacofonía que solo parece ser adoración.

Se asemeja y suena como una celebración, ¡pero el triunfo de Cristo nunca llega!

Por último, si alguna iglesia fuera relevante, serían nuestras iglesias influenciadas por el mercado, «sensibles al simpatizante». Pero en ellas también desaparece lo «conocido» y nadie sabe porqué.

Sin embargo, una metáfora perdida nos dice porqué. La era de la televisión ha convertido a todo el mundo en una generación de espectadores: la misma generación que está en la iglesia. Por lo tanto, durante la adoración nos resignamos

—como nudos en un tronco— a mirar y a escuchar. Los protagonistas en la plataforma actúan, y la adoración se califica dependiendo de cuan bien lo hagan.

En otras palabras, la adoración pasiva, sigue sin fundamento en nuestras vidas. Quizás es atractiva e inmediata en la plataforma, pero fuera de ella permanece desconocida y distante. El mensaje está disociado.

Es una «adoración vicaria».

Debemos recordar que Dios se glorifica *solamente* en el Hijo: en el «Verbo hecho carne». Esto significa que el «Verbo» también debe convertirse en *nuestra* «carne». Debe hacerse relevante, *conocido*. Porque es solo entonces cuando Dios puede hablar a través de la metáfora profética.

II. Cuando falta lo «desconocido»

Aunque perder lo «conocido» en la adoración puede ser trágico, no es nada ante la pérdida de lo «desconocido». Lo «desconocido» típicamente desaparece cuando los símbolos se representan a sí mismos, cuando adoramos la adoración, cuando los códigos auto impuestos de una cultura religiosa adquirida se hacen el objeto de nuestro afecto.

Adoramos el medio antes que el mensaje.

En ocasiones como esta, hallamos solaz en los elementos externos de la adoración: las «cosas» de la adoración, las «tradiciones» de la adoración.

Ellos se convierten en el fin en vez del medio. Es como la adoración de objetos bellos, sus imágenes se convierten en «arte por puras ganas de ser arte».

Si bien es cierto que todos los creyentes ensayan lo que son. Es cierto que evaluamos, entendemos, y nos orientamos a lo que hemos decidido ser. Pero sutilmente cruzamos una línea prohibida: exaltamos los símbolos más allá del poder al que representan.

Cuando esto sucede, la adoración se cercena de su fuente, se vuelve a sí misma y gobierna su propio mundo. El mensaje da paso al medio. El diálogo se encoge ante el monólogo. La revelación se deshace en simple deleite. Y la recreación se rinde ante la diversión.

Estos por supuesto son ídolos, fetiches falsos, dioses suplentes, devociones de culto.

Isaías profetizó sobre el problema: «Este pueblo me alaba con la boca y me honra con los labios, pero su corazón está lejos de mí».[5] Jeremías explicó más tarde que la confianza en las formas externas de religión sin vínculos internos a Dios es engañosa.[6] Y Pablo le dijo a Timoteo que estos «aparentan ser piadosos, pero su conducta desmentirá el poder de la piedad».[7]

Adoramos lo «conocido» e ignoramos lo «desconocido».

El último de los conciertos desagradables

Y todavía, algunos de nosotros hacemos énfasis en «sanas tradiciones», «raíces históricas», y «prácticas antiguas». Separamos el pasado como si fuera un sacramento en sí y le atribuimos valor eterno a sus símbolos. Sacamos nuestro éxtasis de los viejos archivos de la santidad. Como si Dios solo se contentara si presentásemos algunas ceremonias de una forma específica: una forma *conocida*.

Pero los historiadores no pueden sacar poder espiritual de metáforas parciales. La historia cruda y la teología fría nunca han logrado ni lograrán potenciar la adoración. En efecto, Martín Lutero afirmó: «El reino de Dios no es *ningún* rito».[8]

Cuando solo presentamos el pasado conocido, solo los ritos predecibles, los rituales de rutina, (semana tras semana), la tradición se vuelve vacía. Sigue el mismo surco de los griegos donde el tiempo se convierte en un molino circular, donde jamás se crea algo nuevo.

Pero para empeorar las cosas, ¡el pasado no siempre es «bueno»! Al fin y al cabo se han inmiscuido los humanos, y el resultado no ha sido siempre positivo. Esta es la razón por la cual el director sinfónico Toscanini dijo en son de broma: «La tradición es el último de los conciertos desagradables».

Más que cualquier cosa, los profetas hebreos rehusaron el formalismo hueco. Ellos rehusaron cualquier cosa que dejara a Dios por fuera. Más tarde, Jesús demostró su predilección por un «corazón flexible» en vez de un «ritual inflexible».[9] Y cuando nos llamó a la adoración «en espíritu y en verdad», él excluyó «simples rituales externos».[10]

«El antiguo maná»

Y aun así, Jesús adoraba con los rituales comunes en su día: «Como era su *costumbre*».[11] Entonces ¿en qué fallamos?

Hemos obviado su distinción entre el «antiguo maná» y el «pan de vida»,[12] entre la «antigua metáfora» y la «palabra viva», entre el símbolo impotente y el símbolo potenciado. Él sabía (y nosotros lo hemos olvidado) que las metáforas se gastan. Ellas pierden su poder. Se hacen irrelevantes.

En pocas palabras vienen y se van.

Las metáforas dependen de su «novedad» para poder tener efecto, en lo «desconocido» para poder tener su poder. Lo que es asombroso al principio, puede perder su sorpresa después. Cuando la historia se mueve más allá de sus viejas ideas, cuando damos por sentados antiguos significados pasados de moda, cuando abusamos en el uso de los símbolos, algo más se pierde.

Ese algo es un lenguaje figurativo, cuyas figuras ya no representan nada trascendente. Entonces sin objetivos, se vuelven pesados, trillados, sentimentaloides y gastados.

¡Se convierten en clichés!

Pero la verdadera adoración es como un manantial viviente: movedizo, cambiante, recibiendo nueva fuerza de mil tributarios... perdiendo formas antiguas en las aguas estancadas del tiempo. O, la verdadera adoración es como un gran «clásico», al cual se disfrutó por un tiempo, pero luego se dejó para escuchar voces más proféticas.

(Mark Twain estuvo de acuerdo: «Un clásico es algo que todos desean haber leído pero nadie quiere leer»).

Trágicamente, nosotros los cristianos seguimos aferrándonos a nuestras «tradiciones», mucho después que han perdido su capacidad de nueva vida. Retenemos nuestros «objetos» religiosos mucho después que se hacen obsoletos. Encontramos «valores duraderos» en nuestras rutinas mucho después de su vida útil.

Y cuando esto sucede, perdemos algo mucho más importante que la tradición.

Consideren los himnos, por ejemplo: Aproximadamente trescientos años atrás, Isaac Watts reaccionó contra los cánticos de salmos «viejos y sin vida» y le dio lugar a los himnos que cantamos hoy. Pero la idea de Watts creó gran conflicto entre las principales iglesias protestantes. Porque esta «nueva» música no formaba parte del pasado de la iglesia.

Después de un tiempo, por supuesto, se cambió el proceso. Hoy en día, las melodías de los himnos, encajonadas en las armonías semimórbidas del siglo diecinueve, suenan absurdas al oído acostumbrado a las tonalidades del siglo veinte. Y letras tales como «Loores dad a Cristo el Rey Suprema Potestad» parecen jerigonza a los escuchas de menos de «cincuenta años».

Y aun, en la lucha entre los himnos tradicionales y los coros populares, ambos bandos están perdiendo. La correcta controversia no es entre gustos tradicionales o populares, sino más bien entre metáforas vivas y muertas, ¡entre lo viejo y lo nuevo!

Lo «conocido» más reciente

Los rituales rutinarios y los clichés comunes no están limitados al pasado. También conocemos lo «conocido» superficial, y sufrimos la pérdida de lo «desconocido», en las iglesias actuales influenciadas por el mercado. De hecho, podemos vincular esta superficialidad con la última sociedad influenciada por la industria del entretenimiento.

Este siglo, cambió hacia la «cultura de las masas» cuando los gigantes del entretenimiento se convirtieron en los principales proveedores de información. Y las ganancias de la industria del entretenimiento masivo (más que cualquier otra) son las que manipulan el mundo de hoy. Cada cual se interesa por lo «más nuevo y lo más grande». Cada cual se interesa por «la moda y las posesiones». Y a todos les gusta un «buen show».

Los líderes de las iglesias, por supuesto, están al tanto de esto; y los inteligentes buscan cosas que «funcionan». Entonces copian las últimas modas (cualquier cosa que esté de acuerdo a la opinión popular), lo que tenga aceptación popular, lo que el mercado exija para atraer y mantener su potencial rebaño.

Y las congregaciones responden de la misma manera. Lo «nuevo y mejorado» alimenta nuestra adicción. La última moda crea nuestra hambre. Lo próximo, lo más nuevo, el «ahora» rige nuestra tiranía oculta.

El fuego de las modas ha reemplazado el fuego de la fe.

¿Y los resultados? Los servicios se han convertido en eventos de entretenimiento, en show de variedades cristianas, en «comerciales informativos» de sesenta segundos. Mientras mejores sean los «intérpretes» mejor será la «unción». Por supuesto que no tiene nada de malo que todos los trucos y el brillo apoyen una metáfora profética.

¡Pero usualmente no lo son!

Entonces, el mundo del entretenimiento también exige

estrellas, sus personalidades, sus líderes exaltados. La iglesia, después de todo, ¡debe hacer lo mismo! Entonces nuestras estrellas religiosas, aprenden a «encender» sus «clubes de gloria». Aprenden a obtener sus objetivos basados en la industria del entretenimiento. Y, quizás, esto no tenga nada de malo si sus egos se rinden ante la metáfora profética.

¡Pero a menudo no lo hacen!

Por último, el entretenimiento afecta nuestras emociones, nos manipula, nos maneja. Pero esto no es sorprendente para una iglesia «celebradora» donde la teología se establece, en primer lugar, alrededor de las emociones. Ellas fluyen naturalmente con las pasiones. Sin mucho esfuerzo elevan el entusiasmo. Y por supuesto, no tendría nada de malo si supieran la diferencia entre las emociones espirituales y naturales.

¡Pero frecuentemente este no es el caso!

A falta de lo «desconocido» toda esta capa superficial significa aparecerse no solamente «en el mundo» sino también «del mundo», disfrazando estilos seculares con ropa sagrada; exaltando símbolos deslumbrantes sobre señales más profundas. Muy a menudo, la iglesia adopta lo «conocido» mientras rehusa lo «desconocido».

Clichés de un día para otro

Al fin y al cabo, lo nuevo no siempre es nuevo. Las iglesias de estilo de celebración, pueden caer en un ritual hueco tanto con coros como con himnos. Las últimas modas pueden convertirse en clichés de un día para otro. Por esta razón Martín Lutero le temía a espíritus «volubles» los cuales «se deleitan solo en la novedad y se cansan se ella rápidamente cuando esta se gasta».

En primer lugar, el arte popular, necesariamente, debe venir acompañado de un placer simple y fácil. Esta característica no previene de la profundidad; pero usualmente manifiesta una versión cosmética, neutral y comercializada de lo real. Lo que significa que nadie se siente desafiado ni nadie cambia.

Admito que esto no hace mal a nadie. Pero, cuando los líderes traen esta simpleza conocida a la iglesia, sin el don profético de lo «desconocido», el mensaje de Dios se hace trivial. Se hace impotente: de la forma en que el «swing» de los músicos blancos en los treinta abarató la profundidad espiritual del jazz negro de los veinte.

Lo «conocido», por sí solo, es una idea humana, y no tiene nada de profético. Cuando aparecen grandes paradigmas, las meras apariencias desaparecen. Al fin y al cabo, existe una diferencia entre las «corrientes» seculares y las «transformaciones» sagradas.

Porque en definitiva, las metáforas proféticas son *para* nosotros. No son *de* nosotros, ni hechas *por* nosotros.

«Nosotros estamos en presencia de Cristo cuando hablamos; Dios nos mira a la cara. Lo que decimos lo obtenemos directamente de parte de Dios, y lo decimos tan honradamente como podemos».[13]

«La fusión, la mezcla, la síntesis y la convergencia»

Un movimiento de renovación trata de evitar la tiranía de lo nuevo... esta mediocridad de lo novedoso. Busca resolver el asunto combinando lo viejo y lo nuevo. Aumenta su visión mezclando un estilo con el otro.

Se llama adoración de «convergencia».

Comúnmente reconocida cerca de 1985, las iglesias principales ahora unen dos corrientes de adoración: la litúrgica y la carismática. El movimiento pudiera decir ser ecuménico, excepto que pocas iglesias evangélicas, fundamentales, o carismáticas participan.

La adoración de convergencia busca combinar la libertad con la forma, busca fusionar el poder con el modelo, busca balancear las corrientes filosóficas con la tradición. Y la Escritura brinda apoyo a estos deseos:

«Todo maestro de la ley que ha sido instruido acerca del reino de los cielos es como el dueño de una casa, que de lo que tiene guardado saca tesoros nuevos y viejos».[14]

Y aun así, objetivos dignos pueden errar. Una simple síntesis de lo viejo y lo nuevo no logra preservar su diferencia vital. Una sosa mezcla de diversos estilos no logra proteger su rara diversidad. Y la simple fusión de tradiciones conflictivas no logra conservar su poder original.

Al mermar este caldo, se pierden las carnes de cada forma. Al despejar las diferencias hasta sus mínimos denominadores ocultamos la paradoja de cada estructura. Al quitarle sus lados ásperos le quitamos el crudo enigma de cada tradición.

Estas visiones neutralizadas son como la televisión, que muy pocas veces representa la verdad puesto que es un simple consenso de la verdad. Nuestro consenso, después de todo, deja los viejos errores en su lugar e ignora el mover de Dios en nuestro tiempo. Y el Pentecostés que esperamos simplemente se derrite en una forma más de liturgia formal.

En definitiva, la metáfora profética no se «fusiona», «mezcla», «sintetiza», o «converge». En cambio ella «compara», «yuxtapone», «contrasta», «mantiene la tensión». En otras palabras, la Revelación viene solamente cuando diversas tradiciones de adoración mantienen sus formas prístinas, sin traducir, sin reducir. Quizás las coloquemos una al lado de la otra en toda su integridad y crudo conflicto, pero nunca las hacemos «convergir».

La «convergencia» es el pendón equivocado para este digno movimiento.

III. Cuando falta lo «trascendente»

Un mensaje trascendente provee la prueba final para la metáfora profética. Sin embargo, cuán a menudo lo prevenimos. Típicamente, convertimos a la revelación continua en dogma estático. Metemos a la fuerza razonamientos intuitivos en razonamientos legales. Empujamos imágenes embriónicas hacia cánones codificados.

Le disparamos a esta revoloteante criatura en vuelo con los fugaces gatillos del análisis, el juicio, y las respuestas escogidas.

La metáfora profética requiere un período de gestación, un período de reflexión meditativa, un tranquilo movimiento de espíritu oculto a mente consciente. Como dijo Blaise Pascal, estas son «razones del corazón, de las cuales no sabe nada la razón». Si nos movemos muy rápidamente a evaluar estas visiones, analizaremos solamente verdades medio descubiertas.

Esta es la fuente del error: La Reforma reaccionó al misterio medieval exaltando el papel del intelecto. Luego el Siglo de las Luces (1700-1950) maliciosamente eliminó todo el misterio restante. Por lo cual hoy, la cultura exige que la tensión que existe entre lo «conocido» y lo «desconocido» se convierta rápidamente en una teología aceptable.

Puesto que la razón debe permanecer suprema.

Pero esto solo llama a nuestro mundo conocido, a nuestro fanatismo ciego, a nuestro prejuicio particular, a «la palabra humana».[15] O como dijo Voltaire, «la mentira sobre la cual todos están de acuerdo».

Típicamente, las iglesias pasan por alto la trascendencia cuando la forma rehusa la libertad; cuando la autoridad abusiva determina lo que es verdad, cuando el sermón se hace el centro de la adoración, y cuando el silencio se convierte en enemigo.

Como resultado, la adoración se convierte un una liturgia precisamente definida; la propaganda de sacerdotes aspirantes en una teocracia mundana, un asentimiento intelectual de la retórica refinada, y un conglomerado inmenso de imágenes y sonidos. Fácilmente se le podría llamar «amnesia espiritual ordenada».

Y sucede en todos lados. Tanto los liberales como los fundamentalistas imitan los mismos sistemas racionalistas que reducen a Dios a proporciones prácticas. Ambos grupos niegan el misterio. Ambos grupos niegan lo «trascendente».

Por último, cada denominación se convierte en su propio minimundo, su propio mini gueto. Luego, siglo tras siglo, capa sobre capa, se le añaden acrecentamientos. La adoración se convierte en un fósil escondido debajo de capas sin fin de dogma endurecida.

Al final, el rehusar lo trascendente es una demostración de orgullo. Pero fue San Pablo el que sonó la alarma más crítica: «La mentalidad pecaminosa es muerte».[16]

Velas visibles y viento invisible

En resumen, afirmemos una vez más lo «conocido», los «desconocido» y lo «trascendente» en la adoración.

Lo «conocido» al fin y al cabo, ¡esta en nosotros! Pero cuando nos vestimos de «ropas» religiosas y nos damos el papel protagonista en nuestro drama religioso, parecemos simples actores practicando enfrente de un espejo.

También necesitamos lo «desconocido» lo que «no es nosotros». Más específicamente, necesitamos la tensión entre lo «conocido» y lo que «no es nosotros». Esta tensión es como la costa que hace la división entre una isla y el interminable mar. O como un velero visible empujado por un viento invisible.

Debemos resistir limitar nuestra alma al uno o al otro.

El asunto de la adoración, por ejemplo, no es uno de estilo o liturgia. O como lo expresan los cuáqueros «(La adoración) no depende ni de formas ni del desuso formal de las mismas». En pocas palabras, los elementos eternos de nuestra obra, no hacen de la misma algo eterno.

Los estilos vienen y se van. Las metáforas aparecen y desaparecen.

La adoración «renovada» tampoco es un simple asunto de hacer algo diferente, de reempacar lo viejo, o de «renovar» lo viejo. Porque lo «diferente» no siempre contradice lo «conocido». Lo «reempacado» no siempre inspira paradoja.

Una metáfora rota es una metáfora rota no importa cuan de «moda» esté.

El asunto es una metáfora «viva»: tanto humana como divina, visible e invisible, activa y contemplativa, antigua y nueva, ciencia y arte. ¡Sí, arte! La *damah* hebrea —nuestra metáfora profética— era arte santo. Y la adoración actual requiere las mismas cualidades artísticas.

«Un arte santo»

Pero no existe arte, ni adoración, sin riesgo... sin sacrificio. Debemos arriesgarnos a trascender el medio ambiente en el que nos encontramos volviendo nuestras espaldas a las paráfrasis piadosas del pasado, y separando lo mutable de lo inmutable.

Luego, debemos arriesgar lo «desconocido» junto con lo «conocido»; el asombro con lo ordinario, el misterio con lo mundano, lo intuitivo con el intelecto. Porque todo lo que se desliza por el rostro de Dios debe adquirir las cualidades de lo «imposible de conocer».

Esto significa respuestas valientes a la inspiración divina.

Por demasiado tiempo, la adoración de calidad era sinónimo de seguir las reglas apropiadas. Mas la adoración de calidad no difiere en nada del arte de calidad donde los grandes hallazgos surgen del saber dónde violar las reglas.

Luego, la imaginación, da cabida a la inspiración. O, como dijo Shakespeare: «La imaginación le da cuerpo a las formas de lo desconocido».Y, tal como la fe, les da a ellos, «sustancia», «evidencia», y «prueba».[17]

Una vez más es el «Verbo hecho carne».

Algunas veces los líderes proféticos crean nuevas metáforas, y algunas veces reaniman las viejas. Es rara la metáfora tan potente que no necesite ser reanimada. Rara es la metáfora que permanece como un instrumento eterno y vivo. Y rara es la metáfora que se profundiza con la repetición.

En su mayoría, las metáforas —que nos son creadas de nuevo— viven en un mundo de vida suspendida por lo que deben ser reanimadas. Por lo tanto, los líderes de adoración, deben imitar a músicos que evitan tocar la misma música de la misma forma aburrida.

Nuestro Dios es el gran Creador, y no el «gran imitador». Y él nos creó a su imagen. Entonces, fuimos creados para crear, y luego recreados para recrear. En otras palabras, nuevas criaturas siempre crean cosas nuevas.[18] Dios rechaza nuestro anhelo por el «maná» de ayer.[19]

Continuamente afirma: «¡Voy a hacer algo nuevo! Ya está sucediendo, ¿no se dan cuenta?»[20]

Y Pablo hace eco: «No se adapten tanto a la cultura que encajen a ella sin siquiera pensarlo»[21] Y «no piensen que pueden ser sabios simplemente por mantenerse actualizados».[22]

Entonces toda la sabiduría —la vieja y la nueva— dice lo mismo. ¿Acaso no debe ser obvia nuestra esperanza para la iglesia del nuevo milenio? ¿Acaso no debe ser esencial nuestro anhelo por la *damah*?

1 Cox, p. 116.

2 1 Corintios 14:15.

3 1 Corintios 12:1.

4 1 Corintios 14:32.

5 Isaías 29:13

6 Jeremías 7:3-11, 31:31-34.

7 2 Timoteo 3:5.

8 Martin Lutero, *Formula Missae* [Patrones de la misa], publicado en 1523.

9 Mateo 12:1-17.

10 Spiros Zodhiates, *The Complete Word Study Dictionary: New Testament* [Diccionario completo de estudio por palabras: Nuevo Testamento], Chattanooga, TN, AMG Publishers 1993, p. 1181.

11 Lucas 4:16.

12 Juan 6:31-33, 48-50, 57-58.

13 2 Corintios 2:17 *The Message Bible* [La Biblia «El Mensaje»] Nota del traductor: La Biblia «El Mensaje» es una paráfrasis al inglés actual, la cual no tiene equivalente en castellano. La traducción de estos versículos es por ende libre.

14 Mateo 13:52.

15 1 Tesalonicenses 2:13.

16 Romanos 8:6.

17 Hebreos 11:1.

18 Salmo 33:3.

19 Éxodo 16.

20 Isaías 43:19.

21 Romanos 12:1-2, *The Message Bible* [La Biblia «El Mensaje»]. Vease nota anterior.

22 1 Corintios 3:1-18, *The Message Bible* [La Biblia «El Mensaje»]. Vease nota anterior.

V. El peligro

14. Encontrar el camino

Todas las metáforas están impulsando el mismo motivo. Todas las corrientes están proyectando la misma intención. Todos los manantiales están fluyendo hacia el mismo río.

Este motivo, esta intención, este río, es la «emoción».

En realidad, la «emoción», o los «sentimientos», decidirá la realidad futura y reestructurará la religión del siglo veintiuno.

La muerte de mentes sin cuerpo

Por supuesto, predicciones como esa son absurdas, por lo menos para las mentes «civilizadas» (¡como las nuestras!). Porque Descartes —el padre de la mente moderna— enseñó: «El verdadero conocimiento proviene solo de la razón... no confíen en sus sentidos... los sentimientos son solo impulsos de base».

Y continuando con esta misma lógica, los científicos modernos concluyen: «Si la emoción no es una «cosa» ¡en realidad no es nada!»

Entonces los «educados» han aprendido a domar sus emociones; a divorciar el hecho del fervor, a buscar un éxtasis «intelectual» (si esto fuera posible). Y aun líderes de iglesias reformadas urgen a sus congregaciones a mantener sus sentidos sagrados a un «nivel seguro», a preferir una fe «pura», a mantener la mente «limpia» de sentimientos.

El comentario de Kierkegaard es típico: Un bello sentimiento debe ser «plenamente afirmado y disfrutado», pero nosotros lo mantenemos «en su lugar adecuado». Bajo tal presión, las iglesias denominacionales moribundas reducen las pasiones a «reportes sobre pasiones».

Le leen libros de cocina espirituales a una congregación muerta de hambre.

Pero estas ideas «modernas» se fueron. La fría lógica de la tradición impresa, la estéril fe de las iglesias intelectuales, y la apatía arrogante de eruditos estudiados son ahora historia pasada.

Ahora son «*pos*modernos». Ahora nos damos cuenta que el concepto de «la muerte de Dios» era en realidad el concepto de «la muerte de mentes sin cuerpos»: mentes separadas de su sabiduría intuitiva y emocional.

Entonces hoy, eruditos visionarios se atreven a decir: «La emoción se encuentra a la raíz de la civilización» y continúa siendo «fundamental para las cuestiones de la era moderna».[1] También que «las emociones y no el coeficiente de inteligencia, pueden ser la verdadera medida de la inteligencia humana».[2] Y que «la emoción es fundamental para el proceso del pensamiento racional».[3]

Nuestros sentidos, en definitiva, no son «imprácticos».

La vida es más grande que la lógica. Sin nuestros sentimientos, nada importa. Ya que la realidad es personal, la realidad se *siente*. Y la relevancia de la realidad es aun más personal, se *siente* más.

«La mayoría está de acuerdo que estamos entrando en un período en que nos veremos a nosotros y al mundo de forma menos intelectual y más intuitiva, menos analítica y más inmediata, menos literal y más análoga.[4]

Un nuevo paradigma

La televisión aceleró el fracaso de la fría lógica. No solo «vemos» la imagen en la pantalla sino que también «sentimos» que la vemos. Nuestras vidas están influenciadas por estos sentidos ocultos. En realidad, los primeros programas de televisión mezclaron estos sentimientos con los sentimientos de los bonachones hippies de los sesenta y las emociones del pentecostalismo para engendrar una iglesia totalmente nueva.

¡Era una receta potente!

Al principio, encontramos el «contenido» de la televisión a través de nuestra experiencia y su «significado» a través de nuestra respuesta. Luego, a esta olla la historia añadió el estilo de vida de la generación de posguerra. Su amor libre, espontaneidad, narcisismo, y misticismo de «haz lo que te venga en gana» se mezclaron perfectamente con el nuevo medio.

Y, aprestado en las laderas esperaba la —hasta ahora foránea— teología de los avivamientos del Espíritu Santo. Esta idea antigua (aunque nueva) insiste que Dios *no* es una idea. Al contrario, pieza central de esta teología es la *emoción*. Sus creyentes sabían que la adoración neotestamentaria no era posible sin el Espíritu Santo. Y aun más importante, esta «manifiesta» presencia todavía toca nuestras más profundas emociones.

Por supuesto, estas corrientes conspiradoras: la televisión, la juventud de los sesenta, y los avivamientos del Espíritu

Santo, crearon una nueva iglesia. Una iglesia con un nuevo paradigma que ha tocado a cada creyente en todo continente y continúa adelantándosele a cualquier otra tradición.

Su adoración avanza con emoción.

Pasiones virtuales

Pero la historia no ha terminado. Hoy en día tanto la juventud de los noventa como la era virtual se dirigen hacia una realidad emocional desconocida aún en la actualidad. Los jóvenes ya conocen imágenes viscerales en sus películas, vídeos, y discos compactos los cuales han cerrado para siempre la brecha que existe entre el espíritu y el cuerpo, entre la mente y la emoción.

Estos jóvenes eternamente cambiados, ya han reemplazado hechos objetivos con experiencia cruda; doctrinas ordenadas con estados alterados, afirmaciones literales con intuición sensorial, secuencia lógica con metáforas de medios múltiples. Y su conectado mundo se mueve con tal potencia, que necesitan recesos para «calmarse».

En pocas palabras, ellos anticipan la era digital:

«Las computadoras personales» se harán más «personales» de lo que imaginamos. La era digital se hará más sensorial de lo que se creía. En pocas palabras, demostrará ser un mundo supremamente sensual, multisensorial, de realidad virtual y de medios múltiples.

Por ejemplo, estos novedosos medios múltiples demostrarán no ser nada ordinarios. En cambio, formarán una sala de espejos emocionales virtual, un calidoscopio de imágenes sensoriales, una meditación de variadas metáforas. Ciertamente, observaremos las películas de hoy en día de la forma en que observamos las películas del cine mudo de ayer.

Ya la innovación digital (la cual no es posible sin emoción) impulsa la economía mundial. Al fin y al cabo las visiones intuitivas y los sentimientos inspirados necesitan los unos de los otros, y el motivo de obtener ganancias solamente profundizaría el vínculo. Amy Lowell, por ejemplo, escribió: «Lo que sea (creatividad) que es la emoción, bien sea aprensiva u oculta, es parte de ella». Porque «solo la emoción puede instar al subconsciente a la acción». Entonces el futuro creativo y nuestras pasiones proféticas caminarán, sin duda, tomados de la mano.

¡Pero muchos no están de acuerdo! Se quejan de que la experiencia sensorial digital es solo una realidad *virtual*: ¡que no es verdaderamente real! ¿Pero qué tiene eso de nuevo? Toda forma de arte, cada ritual, cada símbolo, o cada metáfora, es «virtual». Sus sentimientos ocultos todos representan algo que «no está allí»: algo fuera de sí mismos. Y, sin duda, las computadoras continuarán analizando números, pero estos números se convertirán más y más en las entrañas de nuestras pasiones (de la misma forma que la cinematografía ahora manipula los estados emocionales en nuestras películas.

Debemos superar nuestras tonterías. El futuro mismo de la iglesia depende de nuestra habilidad de proclamar metáforas apasionadas (o «realidades virtuales» vitales) en la era venidera.

«Nubes sin agua»

Entonces, la emoción —para bien o para mal— se convierte en el tema fundamental del siglo veintiuno. Aunque la mente y la voluntad siempre jugarán papeles fundamentales, todas las corrientes: el posmodernismo, la iglesia del nuevo paradigma, la juventud del nuevo milenio y la nueva realidad virtual y de medios múltiples, indican una nueva función para la emoción.

Pero esta es una emoción sin definición, sin directrices, sin cautela. Cuando esto sucede, las congregaciones a la vanguardia pueden proclamar cualquier cosa en nombre de sus sentimientos.

Tal libertad es alarmante, y hasta ahora, ¡todo el mundo la ha ignorado! Todos nuestros estados emocionales: el amor, el gozo, el orgullo, la ira, el temor, el celo, el dolor, o la soledad; surgen de fuentes naturales, espirituales, o demoníacas.[5] Si las confundimos, estamos jugando con desastre.

La Escritura es clara:

Con lúcida cautela, Jesús exhorta a Pedro a reconocer la diferencia entre el amor natural y el espiritual.[6] Y, dirigiéndose a cristianos, Pablo con propósito se refiere a un «celo por Dios» que *¡no es* adecuado![7] Además, exhorta: «Corrompida por los deseos engañosos»,[8] y pregunta,: «¿Por qué te dejas llevar por el enojo?[9]

Revisemos un ejemplo moderno de «dejarse llevar»:

El orgullo pone en evidencia a un típico culpable entre los «pilares de la iglesia». Claro, existe un orgullo «espiritual»,[10] pero el orgullo natural siempre considera suyas las cosas de Dios. ¡Mi doctrina! ¡Mi iglesia! ¡Mi banca! Hasta se siente orgulloso de su propia humildad. Y, «creyéndose muy sabio» rápidamente ve fallas en otros.[11]

Además, esta autoestima natural a menudo monta un show. Ella llama la atención. Jesús dijo: «Cuídense de no hacer sus obras ... para llamar la atención»[12] Pero la vanidad solo se «cuida» de sí misma. Presenta una forma de devoción a Dios, comentó Pablo, pero sin poder.[13]

Entonces crea su propio poder. Hace alarde. Su retórica religiosa fluye fluida, ferviente, y llena. Jonathan Edwards la llamó «hipocresía ostentosa», y las Escrituras compararon a estos fanfarrones santurrones con «nubes sin agua, llevadas por el viento».[14]

Y aun este estado emocional no se desvía de lo normal. Las opiniones presumidas siempre las tenemos por todos lados. A menudo «hacen alarde de lo que no han visto; envanecidos por su razonamiento humano».[15]

Repetidas veces caemos presa de las emociones «religiosas».

Una galería de tiro

Desde el principio, la iglesia ha luchado con este monstruo de tres cabezas. Porque la emoción, tal y como la imaginación, peca tanto como salva. Distorsiona tanto como revela, y miente tanto como verifica. No es sorprendente, entonces, que hayamos heredado un cuento de amor y odio hacia nuestros sentimientos. Los mismos predicadores, el mismo día dirán: «Siento la presencia de Dios», y más tarde advertirán «no se dejen dominar por sus emociones —no pueden confiar en ellas».

(Quizás no debamos echarle la culpa a estos predicadores. Los rugientes mares subterráneos de crudos sentimientos religiosos los han aterrorizado, y las pasiones volubles de sus feligreses han dejado cicatrices en sus pieles clericales).

A menudo nuestras confusas emociones hacen un trazo a la palabra «alma»:

El «alma», en el idioma inglés, nunca se refirió al «alma» judeocristiana. ¡Es un «alma» griega. Pero el concepto griego del alma es «precisamente lo que no enseña el *Nuevo Testamento*.[16] Y en el *Antiguo Testamento* también es engañoso.[17] Entonces seguimos confundidos acerca de nuestra preocupación más crítica: nuestro ser real.

¡Aun hasta en la iglesia!

Confundimos al alma con el espíritu porque ambos son tan inmateriales. Ambos hacen contraste con un cuerpo material. Entonces nosotros los griegos modernos nos referimos equivocadamente a nuestra alma como «el ser real: el ser eterno». Pero el «alma» hebrea, por sí sola, ¡es completamente lo opuesto! Es solamente natural. Es la naturaleza humana sin Dios.[18] No tiene esperanza de ver el cielo sin aferrarse a un espíritu renovado. De hecho, Jesús dijo que la única forma de «salvar nuestra alma» era «¡perderla!»[19]

Entonces, entre nuestra alma y nuestro espíritu, buscamos en parte lo bueno y en parte lo malo. Parte de nosotros ama al pecado y parte lo odia. Entonces, en un sentido, tenemos doble personalidad. Dos personas viven dentro de nosotros, ¡y una trata de matar a la otra! Una por razones acertadas, la otra no.

En realidad nuestro éxtasis interior es una galería de tiro.

Fornicación espiritual

Sin embargo, no tiene que continuar así. Simplemente no podemos ver nuestra fuente emocional. Como resultado, no sabemos si es el poder de Dios o el nuestro, si es dirigido por el Espíritu o simple manipulación, egoísta o generoso, la fe o la carne, lo eterno o lo temporal.

No podemos diferenciar, por ejemplo, entre una coerción forzada y un llamado inspirado; ni tampoco entre un antojo desesperado y un tierno anhelo. No podemos distinguir entre pasión y compasión, entre atracción y ansia o entre una impetuosa exigencia y un deseo irresistible.

No podemos separar a un maestro artesano de un artista inspirado, o a una habilidad deslumbrante de un momento de verdadero poder. No podemos discernir entre un picapleitos farandulero y un líder legítimo, ni entre un enorme ego y una visión eterna.

Entonces, bien cerca de la emoción falsa se encuentra el hecho falso. Intercambiamos sentimientos falsos por pasiones puras. Falsificamos afecciones «religiosas» con éxtasis espiritual. Quemamos combustibles «baratos» y naturales en nuestros corazones «guiados por el espíritu».

Los escritores hebreos lo llamaron «fornicación espiritual» porque nuestro errado amor solo logra un vistazo del verdadero amor.[20]

Luego, finalmente, calamidades más profundas se ocultan en emboscada. Líderes espirituales con emociones naturales inflamadas, (¡o hasta con emociones demoníacas!), fácilmente imaginan «visiones» inventadas, como si fueran de Dios. Y, sin ningún tipo de responsabilidad, sus delirios terminan en tragedias.

«Fuegos por esfuerzo propio»

Ya sea «religiosa» o no, al alma natural la dirige solamente la naturaleza humana... tal y como es... sin ser tocada por nada espiritual o sobrenatural.[21] De hecho, las emociones naturales son «no espirituales». Aunque afables y estilizados entre la elegante élite espiritual, estos instintos innatos siguen siendo impulsos de sangre y hueso, motivos caseros, deseos impulsivos.

Ellos son solamente reflejos de nuestras imágenes, «fuegos por esfuerzo propio», monólogos de deseos humanos.[22] Jesús fue más específico: «Lo que nace del cuerpo es cuerpo».[23]

A lo mejor pacientemente aceptamos estas características, pero hay un problema: Las emociones naturales no pueden alcanzar a Dios. ¡Ellas son «incapaces» de conocer a (Dios)!»[24] Peor todavía, ¡ellas se «oponen» a Dios, y este se «opone» a ellas![25]

¿Cuáles son estos sentimientos comúnmente compartidos? Y ¿cómo los reconocemos?

Decepciones narcóticas

Primero, debemos reconocer las emociones naturales porque son egoístas. Su comienzo y su final es el interés propio. Las vidas absorbidas en sí mismas producen egocentrismo, sobreprotección de sí mismo, y placer propio. A lo mejor se vean bien —¡y hasta altruistas!— y hasta se sientan cómodos y seguros en el cálido abrazo de la religión. Pero las necesidades del yo siguen siendo el propósito principal.

Luego, las emociones naturales nos clavan al medio ambiente. Incidentes al azar exigen nuestra respuesta. Los acontecimientos diarios supervisan nuestras obsesiones. Porque por definición, estos sentimientos de carne y hueso responden a «factores fuera del individuo, circunstancias en su medio ambiente».[26]

Esta es la razón por la cual estos instintos siempre tienen visión de túnel. Siempre operan en contextos estrechos. Siempre persiguen con impaciencia las cosas pequeñas mientras que ignoran con indiferencia las grandes.

Pintan «cuadros pequeños».

De la misma forma, viven corto tiempo: encendidos, luego apagados, calientes luego fríos, «sí» y luego «no». En otras palabras, son pasajeros, volubles y en definitiva, ¡vanos! En realidad, el significado mismo de la emoción natural, implica una «reacción de corta duración».[27] O «el elemento temporal en la naturaleza humana».[28]

En la adoración, esta emoción se compara al efecto que tiene el alcohol en el cuerpo: sentimentalistas «tomados» son «espirituales» mientras queme el cálido fuego de la emoción. Pero cuando el «alcohol» de su afecto se disipa, sus sentimientos se tornan frígidos, y caen rápidamente en la incredulidad.

Entonces, es evidente que las emociones naturales poseen una «irrealidad». Sus engaños narcóticos dicen ser algo que no son. Asumen posturas sin importe.[29] O, como los llama las Escrituras solo «externos y parecidos»[30] Porque, una vez más, el significado de la emoción incluye «lo que es simplemente externo, o solo lo aparente, en oposición a lo que es espiritual y real»[31]

«Plástico y cosmético»

Quizá las más grandes tragedias históricas suceden cuando líderes inteligentes manipulan nuestras emociones naturales. Porque alegremente nos sometemos a toda y cualquier cosa. Damos por sentado todas las sugerencias. Fácilmente nos encontramos: anonadados, hechizados, consumidos, y hasta esclavizados.

Al fin y al cabo somos «plástico».

Todos los líderes, seculares y sagrados, deben «mover» a sus seguidores y persuadirlos a menudo significa explotar sus emociones. Estos líderes tienen una regla: «¡Si funciona hazlo!» Pero el explotar los sentimientos de otro, aunque sea para una «buena causa», es un error. Si los maniobramos hacia objetivos dignos, es casi seguro que alguien más los llevará a objetivos indignos.

Por ejemplo, la simple palabra «sentimentalismo» significa «sentimiento forzado». Es propaganda teatral exagerada. Se corre a través de exageraciones sin excusa, de contaminación irresistible, y falsificación reservada. Estas habilidades ocultan malicia, pero en el ámbito mundano, siempre trabajan. Nos parecemos a los perros de Pavlov: salivando al sonar de una campana.

¡Nos babeamos con emociones que ni tenemos!

Sin embargo, y por último, las más grandes tragedias espirituales resultan de un aspecto negativo aun más vil: Nunca cambiamos. Ningún esfuerzo de ninguna emoción natural puede redimir la ennegrecida alma humana. Aun debajo del disfraz de la religión, estos instintos no crecen nada espiritualmente. De hecho, resisten el cambio.

A lo mejor nos «mejoremos» con las herramientas humanas del mundo natural. Quizás podamos alterar o controlar nuestras pasiones naturales. Quizás podamos pulirlas y hacerlas más refinadas, pero nuestra «novedad» heroica nunca penetra más allá del alma natural. Es un cambio cosmético.

El enemigo de la adoración

Entonces la emoción natural es el enemigo de la adoración; es una trampa engañosa, un éxtasis peligroso. Es como si fuera una sociedad bajo la influencia de las drogas, buscando a «Dios en una píldora». Hasta los objetivos nobles, las ideas románticas, las visiones poéticas o las pasiones intensas siguen siendo naturales si su fuente es natural.

Jonathan Edwards se refirió a estos instintos de «extremadamente diferentes e inmensamente inferiores» a las emociones espirituales.

Y nadie se escapa. Todos poseen, o son poseídos por, emociones naturales. Esta realidad, después de todo, tiene un propósito. El temor evita las amenazas a nuestras vidas, y el sexo reclama un futuro para nuestros genes. ¡Y sobrevivimos!

Pero la supervivencia no es suficiente. Pablo le advirtió a los convertidos: «¿No serán inmaduros? ¿Acaso no se están comportando según criterios meramente humanos?[32] Por lo que dijo que debíamos «*continuamente* hacer morir» nuestras sendas antiguas y ser «*constantemente* renovados».[33] Y así la «tierna compasión» de Dios puede «renovarse cada mañana».[34]

En resumen, nuestra alma natural debe morir a diario. Nuestras vidas deben ser caracterizadas por muertes benéficas que se repitan constantemente.

Poner los espíritus a prueba

A estas alturas, sabemos que no toda emoción es natural. Pero tampoco es de Dios toda emoción «inspirada por el espíritu». ¡Algunas son demoníacas! Ya que el serafín y la serpiente viven en el mismo ámbito espiritual, un «mover del espíritu» no es necesariamente algo bueno. Algunos estados emocionales son aflicciones. Algunas pasiones están contaminadas. Algunos sentimientos son siniestros.

Esa es la razón por la cual debemos «mantenernos alertas en todo tiempo».[35] Debemos probar los espíritus «para ver si son de Dios».[36] Luego debemos aferrarnos «a lo bueno»[37] Sin embargo, muy pocos lo hacen.

Como quiera que lo llamemos —el mal, Satanás, o lo demoníaco— las señales siguen siendo las mismas. Estas sombras sádicas conspiran para destruirnos... usualmente con engaño. Nos metemos en este engaño como si fuese arena movediza: sin quererlo y sin sospecharlo.

Por ejemplo, encontramos las emociones naturales enteramente normales. Pero muy a menudo, estas emociones son producto de libros sobre homicidios o películas violentas que buscan «producir suspenso». Luego, nos convertimos cada vez más en presa fácil de «diversiones» lúgubres. O, a menudo confundimos nuestra ira natural por ira justa, y sin darnos cuenta, se puede convertir en odio demoníaco. La historia, por ejemplo, esta llena de cazadores de herejías que se convierten en los mismos demonios que tanto odian.

¡Nadie es inmune! Imagínense cuantas reputaciones se destruyen alrededor de una taza de té. Y nuestras corteses espadas ni siquiera sienten las heridas.

¡Sí, y hasta en la iglesia! Bajo una fachada «religiosa», el mal puede imitar a la verdad, puede remedar a la virtud, puede torcer la espiritualidad.

Por ejemplo, William James describió un «misticismo diabólico»: un misticismo religioso volteado boca arriba. Este engaño no tomó a Pablo por sorpresa: «Ya que Satanás mismo se disfraza de ángel de luz. Por eso no es de sorprenderse que sus servidores se disfracen de servidores de la justicia»[38]

Hoy en día pensamos que fue ridículo el que Satanás le citara a Jesús de las Escrituras. ¡Pero en ese entonces no lo fue! Consideren a los mismos discípulos de Jesús cuando las multitudes rechazaron a su maestro: «Señor, ¿quieres que hagamos caer fuego del cielo para que los destruya?» Pero Jesús desenmascaró al espíritu malo en su «fuego»: «Ustedes no saben de qué espíritu son —les dijo— porque el Hijo del Hombre no vino para destruir la vida de personas sino para salvarla».[39]

¿Acaso somos más sofisticados? ¿Nos hemos elevado más allá de este pasado? Acuérdense que nuestra propia iglesia apoyó la esclavitud en los estados del sur.

El pasar por algo las emociones demoníacas es como tratar de borrar nuestra propia sombra. Pero al reconocer y huir de estos estados emocionales, como dice Santiago, «él huirá de ustedes»[40]

La verdad olvidada

Si solo renovamos la forma en que entendemos las emociones, no seremos destruidos por falta de conocimiento.[41] Puesto que a diferencia de los estados emocionales naturales o demoníacos, los espirituales no conllevan errores inherentes o límites preestablecidos.

Porque «lo que nace del Espíritu es espíritu».[42] En otras palabras, las emociones espirituales solo responden al Espíritu. Ellos son sentimientos compartidos... sentimientos vicario... emociones de «no a mí». Ellas se regocijan solamente en lo que le place a su Espíritu y aborrecen solo lo que su Espíritu rechaza.

«La fe y su gozo consecuente», por ejemplo, «no vienen de nosotros». «La fuente de este gozo tiene su origen más allá de un gozo meramente humano, es por consiguiente un don espiritual».[43] De la misma forma «el amor viene de Dios». Nuestra «preocupación» la «puso» Dios. Todos estos sentimientos, y muchos más, son resultado de la obra que efectúa su Espíritu en nosotros».[44]

La emoción espiritual, entonces, se presenta más como un mensajero, un medio, un mediador entre la vida de los sentidos y la vida del espíritu. A manera de analogía: cuando hacemos ejercicio son los músculos los que nos mueven, pero son poderes ocultos los que hacen mover al bailarín en éxtasis.

Estas emociones son fáciles de reconocer. Puesto que son desinteresadas, mansas, dóciles, modestas y compasivas. Sin embargo, se elevan por sobre el momento... se mantienen libres de circunstancias... se van más allá de los chances y cambios de pequeñas vidas. Tillich las describió como «pasión infinita y pasión por lo infinito».

Aun más importante, la emoción espiritual es una emoción «consciente», un significado que se siente, una sabiduría del corazón. Ella produce luz con su calor, revelación con su fragor, perspicacia con su inspiración. Aun en los momentos de enigma o paradoja, estos sentimientos perciben la verdad: el gozo Espiritual siempre recuerda un poco de amargura en su dulzura; triunfa solo en relación con lo que fue logrado. Y de «la tristeza que proviene de Dios... nunca hay que arrepentirse», ella siempre contiene la semilla de la esperanza.[45]

Por esa razón Pablo podía afirmar libremente: «Nos regocijamos... también en nuestros sufrimientos».[46]

La fe, al fin y al cabo, necesita de emoción espiritual. La esperanza significa «la gozosa anticipación de nuestro deseo». Y «lo que vale es la fe que actúa mediante el amor».[47] El mismo significado de la fe lo confirma: «La fe es la garantía (o sea el ánimo de corazón) de lo que se espera». Y aun más es «la certeza (o sea la ferviente creencia) de lo que no se ve».[48]

Esta no es una nueva verdad sino más bien una verdad olvidada.

Un nuevo lenguaje está surgiendo de las cenizas del modernismo. Es decididamente del lenguaje de la metáfora. Y decididamente se remontará sobre una ola de la emoción.

Ya no se debe mantener a la emoción espiritual en su «lugar adecuado», puesto que su lugar será dominante. Ya no se debe atrapar a los estados emocionales en sus roles limitados, puesto que su rol será inclusivo. Ni tampoco debemos rechazar la intuición como «simples sentimientos», puesto que su sentimiento se expresará en el lenguaje de la metáfora profética.

Reclamemos entonces el poder de nuestra pasión ¡antes que sea demasiado tarde!

«Yo soy el que escudriña la mente y el corazón; y a cada uno de ustedes los trataré de acuerdo a sus obras».[49]

1 «Human Emotion» [Emoción Humana], *The New Encyclopedia Britannica*, Chicago, Encyclopædia Britannica, 1994, 15th Edition, Volume 18, pp. 248-256.

2 Daniel Goleman, *Emotional Intelligence* [Inteligencia emocional], Nueva York, Bantam, 1995.

3 Antonio R. Damasio, *Descartes' Error: Emotion, Reason, and the Human Brain* [El error de Descartes: La emoción, la razón, y el cerebro humano], Nueva York, Grosset/Putnam, 1994, pp. 48, 49, 159, 160, 234.

4 Cox, p. 301.

5 Este tema se discute más detenidamente en mi libro: *Spirit and Emotion: Beyond the Soul* [El espíritu y la emoción: más allá del alma], 1997, disponible de Damah Media, 3522 Maple Street, Odessa, Texas, 79762.

6 Comenzando con Juan 21:15, el griego original nos da dos palabras diferentes que traducen amor: una natural, y la otra espiritual. Las traducciones modernas no muestran esta diferencia.

7 Romanos 10:2.

8 Efesios 4:22.

9 Job 15:12.

10 2 Corintios 10:17.

11 Proverbios 26:12.

12 Mateo 6:1,2.

13 2 Timoteo 3:5.

14 Judas 12.

15 Colosenses 2:18.

16 G. Harder, «Soul»[El alma], *The New International Dictionary of New Testament Theology*, 1986, ed., II, p. 686.

17 D. M. Lake, «Soul» [El alma], *The Zondervan Pictorial Encyclopedia of the Bible*, 1976, ed., V. 496.

18 Zodhiates, pp. 1180,1494 (véase también: 1 Tesalonicenses 5:23 y Hebreos 4:12).

19 «Y el que la pierda por mi causa la encontrará» Mateo 10:39.

20 Sabiduría, XIV:12, *Libros Apócrifos*.

21 Harder, 682-687.

22 Isaías 50:11.

23 Juan 3:6.

24 1 Corintios 2:14.

25 Gálatas 5:17.

26 Austin E. Grigg, "Emotion" [Emoción], Encylcopedia Americana, 1990 ed., X, p. 309.

27 Grigg, p. 309.

28 Vine, p. 448.

29 Taylor Caldwell, *Great Lion of God* [El gran león de Dios], Garden City, Nueva York, Doubleday & Company, 1970, p. 228,229.

30 Vine.

31 Zodhiates, p. 1280

32 1 Corintios 3:3.

33 Romanos 8:13; Efesios 4:22,23.

34 Lamentaciones 3:22,23.

35 1 Pedro 5:8.

36 1 Juan 4:1.

37 1 Tesalonicenses 4:21.

38 2 Corintios 11:14,15.

39 Lucas 9:54-56.

40 Santiago 4:7.

41 Oseas 4:6.

42 Juan 3:6.

43 E. Beyreuther and G. Finkernrath, «Joy»[Gozo], *The New International Dictionary of New Testament Theology*, ed. 1986, II, p. 352.

44 1 Juan 4:7; 2 Corintios 8:16; Gálatas 5:22.

45 2 Corintios 7:10.

46 Romanos 5:3.

47 Gálatas 5:6.

48 Hebreos 11:1. (Mis paréntesis).

49 Apocalipsis 2:23.

15. Demonios digitales

Ocultos en el hipertexto

Este es un libro de fe. Fe en el futuro del mundo digital. Estas páginas ven a un Dios Creador moviéndose en una nueva y amorosa forma. Estas palabras ven una iglesia del nuevo milenio disfrutando lo mejor de su día.

Sin embargo, para los que no se ocupan, los hechos predicen un futuro más siniestro.

Puesto que la era digital predice tanto triunfo como tragedia, tanto promesa como peligro, tanto victoriosos como víctimas. A lo mejor, el fin del modernismo nos libere de las versiones gastadas de la historia y las presentaciones obsoletas de la realidad. Pero también nos expone a riesgos de fatalidad temibles.[1]

Ya el Internet —un modelo del futuro— evoluciona sin nadie que esté a cargo. Sus inventores admiten que está fuera de control, que sus descendientes están totalmente indisciplinados. Y que engaños sin fin y destrucción le esperan a la iglesia, ocultos en el hipertexto. En verdad, las fuerzas demoníacas parecen ya tener la ventaja.

Una deidad digital

Toda oscuridad comienza como luz. Seamos sinceros, la ciencia moderna ha solucionado muchos problemas. Por tanto creer que resolverá muchos más en el futuro es completamente razonable, y hasta irresistible. Quizás «¡la respuesta para todo!» Ciertamente podemos entender porque confiamos en la tecnología hasta para nuestra liberación.

¡Es nuestra historia! Hemos relegado el espíritu a mente, la mente a cerebro, el cerebro a computadora y la computadora a máquina. Y ahora las máquinas —que pueden ser «vasos perfectos»— deben venir al rescate de nuestros vasos imperfectos... especialmente si hemos de cosechar el fruto de nuestros sueños:

«Podemos controlar el destino del mundo. Podemos extender nuestra voluntad (omnisciente y eternamente presente) a través de la expansión de nuestra raza. Y podemos hacerlo a través de la libertad ilimitada de pura inteligencia digital».

Pero existe otra perspectiva. ¡La máquina puede tomar control! Mashall McLuhan escribió: «Formamos nuestras herramientas, y de allí en adelante ellas nos forman a nosotros.» Y Jacques Ellul le hizo eco «la tecnología, como herramienta, se transforma en dueña y señora».

La famosa computadora «Deep Blue», por ejemplo, finalmente derrotó al mejor jugador de ajedrez del mundo, Gary Kasparov. Y este triunfo sucederá en todo aspecto de la vida, incluyendo a la religión. Sin embargo, las computadoras «no tienen sentido moral; ellas no pueden resolver asuntos complejos tales como los derechos de la vida y la muerte».[2] Sin embargo, dependeremos cada vez más de las computadoras para que emitan juicios por nosotros, de la misma forma en que ahora dependemos de las calculadoras para cubrir nuestras matemáticas olvidadas.

Simplemente nos apoyaremos en muletas más grandes.

Pero en la medida que esta dependencia se torna sumisión, servimos a la herramienta en vez de ella servirnos a nosotros. Y, al confundir juicios de probabilidad con juicios de valores, «mezclamos el bien con el mal, lo correcto con lo incorrecto, y le damos cabida al triunfo del mal absoluto en el mundo».[3]

En las palabras de Lochhead, convertimos «nuestros

intentos de auto salvación en instrumentos de alienación y opresión... (y estos) medios de liberación imaginarios solo resultan en más esclavitud para nosotros».[4]

Claramente, una deidad digital aparece amenazante en el horizonte.

Tecnología y magia

Y no es fácil discernir la diferencia entre esta deidad y un demonio. Las computadoras nos pueden engañar.

En primer lugar, son atractivas, seductivas, y adictivas. Y sus placeres seductores fácilmente manipulan la mente y el espíritu. Admitámoslo, los programas de computadoras a veces parecen «mágicos». Ciertamente, el «poder» del que se jacta en efecto hace borrosa la barrera entre la tecnología y la magia.[5]

Además, se hace pasar por cualquiera o cualquier cosa que quiera ser. Por ejemplo, es posible ocultar por completo su identidad en una computadora, y la persona en el otro extremo nunca se daría cuenta. Tal anonimato fomenta el engaño desenfrenado.

O, como dice la Escritura, la «cizaña» no se logra separar del «trigo».

Entonces, en esta «realidad virtual», debemos aprender la diferencia entre ilusiones y metáforas. Las ilusiones engañan; las metáforas revelan. Las ilusiones escuchan a los poderes de las tinieblas. Las metáforas proféticas escuchan la voz de Dios.

La salvaje red

Por lo tanto el discernimiento es vital. En el Internet reina la libertad... todo se vale... nada es prohibido. En efecto, la cultura de las computadoras tiene «una fe casi mística en la fuerza benigna de la información sin inhibiciones».[6]

El letrista del grupo Grateful Dead y entusiasta del Internet John Perry Barlow lo explicó de la siguiente forma: «El ciberespacio, en su condición actual, tiene mucho en común con el mundo occidental del siglo diecinueve. Es inmenso, sin mapas, legal y culturalmente ambiguo, difícil de navegar, y abierto a quien lo quiera. Las grandes instituciones ya dicen ser dueñas del lugar, pero la mayoría de los verdaderos nativos son solitarios, independientes, y hasta casi sociópatas. Es, por supuesto, un criadero perfecto de proscritos e ideas nuevas sobre la libertad».[7]

Este nuevo «salvaje oeste» en el World Wide Web representa problemas para la iglesia. Lenta, pero verazmente, una espiritualidad de bricolaje, y de escoja lo que quiera, está derribando las paredes ideológicas y las puertas espirituales de la iglesia tradicional. Tanto «conectados» como «desconectados», estamos presenciando la «completa destrucción de todo el sistema de valores».[8] Y está sucediendo a una «velocidad hiperespacial».[9]

Ya el «cristianismo es anatema para los posmodernistas».[10] Y al Internet se le llama francamente un «centro de intercambio de información de la herejía contemporánea».[11] De hecho, las creencias reinantes en la cibercultura son evidentemente poscristianas.[12]

Los valores de la iglesia, la familia, y el estado, ya no proveen una ventana al mundo... ya no restringen el comportamiento... ya no proveen autoridad moral. En verdad, las instituciones de la industria del entretenimiento influyen más en las opiniones que las instituciones tradicionales de la sociedad.

Y, a pesar de lo que digan los «relacionistas públicos» de Washington, los valores sobre los cuales decidimos tienen muy poco que ver con la democracia. Democracia significa gobierno por el pueblo. Pero aquí no existe el gobierno. Se llama anarquía.

Todos son editores

Aun antes de la era digital, sufríamos del «relativismo» de la verdad. Los científicos seculares asumieron que la teoría de la relatividad y la mecánica cuántica se aplicaba a todas las cosas; hasta a la sociedad. Dado a que la realidad científica cambia de acuerdo a cómo la percibimos, dieron por sentado que los valores también cambian.

Como resultado, la verdad de hoy es relativa. Nuestras opiniones tienen preeminencia, y luego les buscamos justificación. Para ser más sinceros, basamos nuestra fe y hechos en lo que nos aventaje. Nosotros las creamos y ellas a su vez nos crean a nosotros.

Esta voluble falsedad ya es en sí mala, pero ahora, la era digital, «reinventará» la verdad de una forma nunca antes vista. Porque la realidad digital es asombrosamente plástica. Puede alterar texto a voluntad, puede reinventar la realidad en un segundo, puede definir de nuevo «la verdad» caprichosamente.

Verdaderamente somos nuestros propios editores. Por ejemplo, ya los grandes «clásicos» del arte y la literatura no se pueden fundamentar en sí mismos. Aunque supuestamente completo e inalterable, el arte será editado por los observadores para un acabado más personalmente atractivo.[13] [14]

Nada está a salvo. Nada es sagrado.

Una fantasía colectiva

Y aunque cada cual editará la realidad, aun así terminaremos con una verdad «colectiva». Aunque cada uno se referirá a sus patrones locales, todos terminaremos con patrones «globales». Porque el Internet es un enredo paradójico que engendra conformistas a partir de una multitud de separatistas. En otras palabras, nuestros valores surgirán de un «colage» de creencias, un «consenso» de cuidados, una asimilación de información.

Una conciencia colectiva

Le proveerá un aire de unidad, pero (como en Babel) traerá desunión. Buscaremos acuerdo pero, tal y como la Bologna, estaremos comiendo de la carne más común y más barata: Una espiritualidad unitaria y mezclada. Sin ninguna religión más creíble que la otra, sin ningún «espíritu» más creíble que el otro.

La ortodoxia y la herejía final.

Para bien o para mal, esta fantasía colectiva forzará a la iglesia a cambiar. También debilitará la patria, porque creará conflictos inevitables con las estructuras de poder tradicionales. Ciertamente, la violencia probará ser más intrínseca a esta transición.

Tapscott lo llama «el nuevo (des)orden mundial».

Un fin sin mejoras

Las computadoras a lo mejor evolucionen el poder para gobernar, pero nosotros somos los que alimentamos al monstruo. Por lo tanto, sin las almas redimidas, el futuro digital se elevará ¡solamente hasta nuestro nivel! Cuando nos autorizamos a «editar al mundo» también nos autorizamos para destruirlo.

Al fin y al cabo, las computadoras son simplemente máquinas de posibilidades. Ellas modelan el futuro y hacen realidad. Amplifican nuestra voluntad y crean resultados globales. Exageran la naturaleza humana y la plasman en todo el mundo.

¡De una forma asombrosa!

Pero la computadora no puede compensar por la naturaleza humana pecaminosa, por el «hombre imperfecto, que nunca está libre de orgullo, egoísmo, envidia, vanidad, y una docena de otros defectos».[15] Por muchos años, celebramos la idea de que éramos infalibles, que éramos en esencia buenos y dispuestos al progreso sin fin, que nos transformaríamos y trascenderíamos perennemente.

Pero la historia enloqueció a este mito. Los hechos dan testimonio de nuestra capacidad infinita de convertir todo lo que tocamos en herramientas de muerte. «Nuestros inventos» escribió Thoreau, «no son más que medios mejorados hacia un fin sin mejoras».

Entonces las computadoras solo aumentan los errores de la errante voluntad humana. Solo potencian a los pecadores en un mundo de pecado.

«No se engañen: de Dios nadie se burla. Cada uno cosecha lo que siembra».[16]

Basura a la velocidad de la luz

Las búsquedas de poderes divinos entre las mentes no redimidas, nos llevarán al lado tenebroso del ciberespacio. Los aficionados a las computadoras, los cibergamberros, y los tecnócratas inciviles se verán tentados a controlar a los menos informados. En sus manos, la computadora se hará una privilegiada herramienta para manipular a aquellos con menos privilegios. Nuestro sueño de igual acceso al futuro digital puede fácilmente estar equivocado. En su lugar podríamos ver un nuevo Darwinismo siniestro: una diabólica supervivencia del más fuerte. Veríamos un mundo bipolar, dividido entre los que «tienen» y «los que no»... una doble separación de los que «conocen» y «los que no».

Un apartheid de la información.

Tales tiranías a lo mejor engendren mafias electrónicas, pandillas de superdotados, insurgentes digitales. Luego, en respuesta, los gobiernos vigilantes gustosamente atacarían a estas amenazas. Los siervos civiles con conocimiento de computadoras, con mucho gusto entrarían a lugares prohibidos. Y a los fríos tecnócratas les encantaría convertirnos en números.

La vigilancia simultánea sería real. La invasión de la privacidad personal sería irrevocable. La computadora, al fin y al cabo, tiene el espantoso potencial de saber todo sobre nosotros.

En realidad, ya lo sabe. ¡El futuro está aquí!

Ya vemos los peligros y depravaciones en el Internet: sexo obsceno, literatura de odio, crimen en el Internet... ciertamente, «niveles tóxicos de basura informativa».[17] Ya la corrupción social de esta nación se dirige vertiginosamente, sin ser invitada, por la autopista de la información hacia hogares de otras culturas que todavía permanecen sanos.

Es basura a la velocidad de la luz.

Un instrumento del espíritu

Entonces nosotros representamos el problema, no la computadora. Al tratar de conquistar las amenazas de la computadora, en realidad estamos tratando de conquistarnos a nosotros mismos.

Las visiones creativas de la tecnología de computadoras comenzaron en el Espíritu, pero Pablo se percató de la manera errada en que respondimos aun siglos atrás: «¿Tan torpes son? Después de haber comenzado con el Espíritu, ¿pretenden ahora perfeccionarse con esfuerzos humanos?»[18]

Entonces, en nombre del mundo, la iglesia debe reclamar este nuevo don como bendición del Espíritu, y no una herramienta de orgullo espiritual. La iglesia debe exigir igual acceso a este futuro potenciado, y no permitir una separación de los que «tienen» y «los que no». Y la iglesia debe convencer a los tecnócratas que la computadora, en realidad, no tiene alma. Que los juicios sobre valores vienen de un espíritu renovado y no del chance estadístico.

«O bien nos elevamos hacia una nueva cultura de una espiritualidad más alta para convertir nuestras tecnologías electrónicas en catedrales de luz, o nos sumimos hacia la oscuridad y nos descomponemos en una guerra del uno contra todos».[19]

No debemos permitir al mundo desear su propio suicidio.

«La lucha física y espiritual, por nuestro planeta (una lucha de proporciones cósmicas), no es un asunto indefinido del futuro; ya comenzó. Las fuerzas del mal ya han comenzado su decisiva ofensiva, ya se puede sentir su presión».[20]

1 Lochhead, «Technology, Communication and the Future» [La tecnología, la comunicación y el futuro].

2 Negroponte, pp. 228,229.

3 Solzhenitsyn, p. 840.

4 Lochhead, *Theology in a Digital World* [Teología en un mundo digital], p. 34.

5 Lochhead, «A Software World»[Un mundo de software], una charla en 1991, http://www.interchg.ubc.ca/dml/software.html.

6 Brooke, p. 35.

7 John Perry Barlow, «Crime and Puzzlement», [Crimen y desconcierto], Internet, 1990, Electronic Frontier Foundation's World Wide Web site, http://www.eff.org.

8 Thompson, *Coming into Being* [Realizándose], p. 151.

9 Tapscott, pp. 4,5.

10 Donald L. Maker, «Welcome to the Cyber-Millennium» [Bienvenidos al cibermilenio], *Virtual Gods*, Tal Brooke, Editor, Eugene, Oregon, Harvest House Publishers, 1977, p. 44.

11 Brooks Alexander, «Virtuality and Theophobia» [La virtualidad y la teofóbia], *Virtual Gods*, Tal Brooke, Editor, Eugene, Oregon, Harvest House Publishers, 1977, p. 165,166.

12 Tal Brooke, p. 35

13 Negroponte, p. 224.

14 Thompson, p. 150.

15 Solzhenitsyn, p. 841.

16 Gálatas 6:7.

17 Brooks Alexander, «The Faustian Bargain» [La oferta faustina], *Virtual Gods*, Tal Brooke, Editor, Eugene, Oregon, Harvest House Publishers, 1977, p. 95.

18 Gálatas 3:3.

19 Thompson, p. 9,10.

20 Solzhenitsyn, p. 840.

Conclusión

16. La seguridad de la esperanza

¡Suban a bordo!

¡Despierta iglesia! El nuevo milenio asistirá en la aparición de la presencia manifiesta de Dios o manifestará la enloquecedora malevolencia de Satanás. Y esta advertencia no le hace propaganda a otro olvidado seminario de renovación de la iglesia.

La historia puede ir en ambas direcciones.

«Aun así, muchos líderes de iglesias no se percatan de que la iglesia —¡y hasta su iglesia!— se enfrenta a tan crucial coyuntura histórica».[1] Más que un espejo del «salvaje oeste», el futuro trae consigo una batalla por la fe del planeta en su totalidad. Y si no logramos ver la mano de Dios en este acontecimiento, nuestro castigo será presuroso.

Y las iglesias «corren el riesgo de convertirse en dinosaurios antes que la década termine».[2]

Aun así, muchos líderes permanecen inertes sobre esta tierra que está en constante movimiento. No se percatan de cuan rápidamente se mueven las cosas. Antes de su tiempo, los cambios significativos se efectuaban a lo largo de dos o tres generaciones. Sin embargo, en los últimos veinticinco años, grandes cambios han ocurrido cada dos o tres años.[3] Y hoy en día, la tecnología se hace obsoleta en solo días.

En efecto, las cosas se están desarrollando más rápido de lo que aun los extremistas pensaban. Ya hasta están sobrepasando sus predicciones más ambiciosas.[4] Y el mundo ha adoptado estos cambios. Tal como ideas cristalizadas, ya están aquí, irrevocables e incontenibles. Se asemejan más a visiones vívidamente compartidas que a ilusiones concertadas... más como nacimientos colectivos que fantasías de moda. Los que descubren este futuro, por ejemplo, casi hablan de «conversiones». Y los hijos se sienten más a gusto con este nuevo medio que sus propios padres.

El tren está en movimiento. ¡Suban a bordo!

«Vemos indicaciones del surgimiento de una iglesia cibernética. Una de las predicciones que hemos hecho es que para el año 2010, entre un diez y un veinte por ciento de la población de los Estados Unidos dependerá principal o exclusivamente del Internet para propósitos religiosos. Esta gente nunca más entrará a un templo otra vez».[5]

Despojarse para poder avanzar con amor

La gran ventaja de la iglesia siempre ha sido su redención, su propio renacimiento. Entonces, una vez más, debe romper las cadenas del pasado para elevarse sobre las demandas del futuro.

La iglesia debe morir para vivir.

Los nuevos logros surgen de la ruptura de viejas reglas. La nueva esperanza es resultado del desecho de la vieja. Entonces el clero debe eliminar el lenguaje obsoleto, la jerga religiosa, los códigos internos, las metáforas sin sentido, y los estilos arcaicos.

A pesar de que su exterior sea de la antigua generación, los líderes de la iglesia de hoy deben desechar la espiritualidad exagerada y las innecesarias creencias, estilos y trucos que desaniman a la juventud de hoy. Deben cancelar todos los programas que se organizaron solo por hacer programas y los edificios que se erigieron solo por hacer edificios.

Dejando a un lado al clero «corporativo», deben superar el antiguo mundo de líderes prepotentes y seguidores pasivos: el estilo de información «forzada» unidireccional que va del individuo a las masas. Deben superar el estilo de adoración, por ejemplo, que se le impone «a» o se hace «para» los creyentes en vez de ser hecha «por» los creyentes.

La iglesia debe despojarse de un pasado irrelevante si ha de avanzar con amor hacia el futuro.

Máquinas de posibilidades

Si la iglesia está esperando por el momento adecuado para construir un nuevo mundo, y está aquí. El cambio digital trazará el camino para el futuro, y la habilidad para producir cambios es «lo que hará la diferencia entre el presente y el futuro».[6]

Aun más importante, el patrón para el futuro refleja el mismo patrón que inicialmente creó la iglesia: un nuevo conocimiento, una nueva creatividad, una nueva comunidad, una nueva libertad, una nueva autoridad.

Y, asombrosamente, la nueva fe también refleja la fe original: «Si los fragmentos de código informático pueden representar cualquier cosa, entonces una computadora es en esencia una máquina de «cualquier cosa»... una máquina de posibilidades».[7] Lo mismo es la fe. La fe anticipa lo que ha de ser. Ve «lo que no se ve», y «es la garantía de lo que se espera». Y así le da sustancia a la visión[8]

Ciertamente, las computadoras en manos de los cristianos cumplen profecías mucho más que en las manos de empresarios globales.

Entonces la nueva iglesia es una iglesia creativa. No tenemos que esperar al futuro. Podemos escuchar la voz de Dios ¡y crear su iglesia ahora!

Ser lo que seremos

... y no será difícil.

La letra del viejo himno «Grato es decir la historia», obtendrá un nuevo significado en el nuevo milenio. Porque la era digital potenciará al narrador como nunca antes. Una nueva narrativa permitirá una nueva «palabra», y una nueva narración permitirá una nueva historia.

Todavía no logramos entender la gran expresividad de este nuevo medio. Él nos sumergirá en imágenes sensuales las cuales el arte actual solo puede sugerir. En verdad, estas imágenes serán *más reales* que la realidad. Aunque parezca increíble, al entrar en la historia, esta cambiará.

En este mundo de ciencia-ficción donde encontramos al arte profético, el párroco será poeta y el poeta párroco. Los evangelistas serán artistas y los artistas evangelistas. De lo único que la iglesia carece es de ¡imaginación inspirada!

Tal y como el Creador-Dios le dijo a Moisés: «YO SERÉ EL QUE SERÉ», la iglesia —creada en su imagen— «SERÁ LO QUE SERÁ».

Primeros pasos

Sin embargo, tantas posibilidades paralizan hasta las más sinceras almas. Pero no debemos temer a la cuesta que se erige ante nosotros. Podemos comenzar con los primeros y más fáciles pasos. En realidad este comienzo, simple pero rodeado de oración, nos provee del único incentivo que necesitamos.

Para comenzar, ¡solo necesitamos sentir curiosidad! Hazte perceptivo a nuevas ideas, hazte sensible a corrientes futuras. Y por supuesto, entra al Internet. Pero aun más familiarízate con los estilos de esta cambiante escena tanto dentro como fuera del Internet.

En otras palabras, deja que los tecnólogos se encarguen de la tecnología y concéntrate en lo divertido, en el «gran panorama», en las visiones emocionantes. De cualquier manera la tecnología cambia de forma muy rápida: es fácil perderse en ella. Pero si fijamos nuestros ojos en el horizonte nos mantendremos seguros en el curso.

(¡Pero nunca está demás tener a un amigo técnico!).

Luego, comienza a experimentar... sigue tantas corazonadas «seguras» como te sea posible... prueba ideas que produzcan cambios... crea modelos del futuro... muévete de un *lugar* a *otro*.

Y aquí están los prototipos probables:

Huevos en muchas cestas

La marea digital entra en cuatro potentes olas. Negroponte las llama: «descentralización» «potenciación» «globalización» y «armonización». Por lo tanto la mayoría de nuestras pruebas deben navegar en la cresta de estas olas.[9]

Primeramente, la «descentralización» requiere de un nuevo gobierno y una nueva estructura... una nueva forma de tomar decisiones y una nueva forma de implementarlas. Las antiguas burocracias de la autoridad en lo alto y centralizadas ya no funcionan en la vorágine de la realidad simultánea. Y los programas que son simples programas fracasan por las mismas razones.

Debemos entonces probar nuevos estilos para líderes. Debemos intentar trabajar con líderes «horizontales», o relacionales, en vez de líderes «verticales» o autoritarios. Debemos escudriñar un gobierno sin «territorios», una alianza no territorial. En resumen, debemos tratar de poner nuestros huevos en muchas cestas en vez de una sola.

Esta transición significa que nuestro clero debe dejar de ser ejecutivo y convertirse en siervo. Debe entrenar a otros líderes en vez de engrandecer su propio liderazgo. Debe fomentar la piedad en otros en vez de elevar su propia autoridad. Debe animar a otros a usar sus dones en vez de desarrollar sus propios dones.

En resumen, debe modelar en vez de mantener el status quo. Deben fomentar relaciones en vez de regir.

«La disponibilidad de sacrificar poder y posición para el servicio del evangelio logrará más por el mensaje de la iglesia sobre Jesús que cualquier cantidad de retórica desde el púlpito».[10]

Una nueva vitalidad

Existen beneficios tanto para los líderes como para la congregación. Los líderes se dan cuenta que los poderes compartidos se expanden, que el significado importa más que el éxito, que los hacedores activos logran más que los seguidores pasivos, que el «sacerdocio de todos los creyentes» le da más potencia a la iglesia que «la burocracia de todos los sacerdotes».

Los líderes del nuevo milenio también descubren que lo «pequeño» no solamente es bello sino también poderoso. Por ejemplo, «los ministerios caseros» pueden publicarse en el Internet sin incurrir en gastos de papel, impresión, ni de correo. Y equipos pequeños pueden transmitir imágenes y sonido a todo el mundo sin los gastos de una estación de televisión.

De la misma forma, estos líderes se dan cuenta que las infraestructuras y las posesiones de gran importe, se convierten en cargas en un mundo fluido y flexible, que la toma de decisiones libre de atolladeros burocráticos es cónsona con la dirección del Espíritu Santo, y que los presupuestos libres de las cargas de grandes instituciones dan servicio a nuevos y emocionantes ministerios.

Por otro lado, los que son guiados, encuentran que sus voces también se expresan con unción, que su misión también es de Dios, que sus dones también son únicos. Ya no son espectadores pasivos, estos nuevos seglares encuentran liberación en el trabajo en equipo y la interacción.

Han encontrado la vitalidad que habían perdido.

Más grande que local

Por último, la «descentralización» del nuevo milenio implica que habrá una nueva comunidad, una comunidad *diferente*. En el pasado había que estar cerca para hacer amigos, formar equipos, tener vecinos, adorar... pero todo ha cambiado.

Ya lo local no es local.

Hasta ahora teníamos que aceptar solo lo que tenía la iglesia, cualquier dogma que se ofreciera, y cuando se ofreciera. ¡Algunos creyentes hasta se les rechazó por causa de su grupo étnico, cultura, o posición social! Sin embargo, hoy en día cualquier iglesia que espere sobrevivir debe demostrar estar abierta, accesible; inclusive, y lo suficientemente diversa como para incluir, potencialmente, todo el ámbito de la humanidad.

Debemos entonces constatar la idea de las iglesias flexibles: iglesias que crucen todas las barreras de tiempo, espacio, cultura, geografía, tradición, y otras características de la carne. Y dado a que otras religiones ya se reúnen para adorar en el Internet, los cristianos deber entrelazar la forma en que se reúnen para adorar también.

En otras palabras, todo lo que hacemos localmente lo debemos hacer en nombre de algo que va más allá de lo local. Eso es lo que significa tener un éxito «local».

Nos fuerza a creer

La segunda gran ola del futuro sigue un tema de «potenciación». Además de proveer una nueva voz para los que no tienen, le otorga un nuevo lenguaje a los que de él carecen. En realidad, trae un lenguaje posmoderno de gran poder evocativo.

Y cambiará al mundo.

Para la iglesia, este lenguaje posmoderno se manifestará como «metáforas proféticas» sin fin. Un flujo constante de imágenes fluidas y pasajeras reemplazará a nuestra retórica lineal y lógica como el camino preferido a la experiencia religiosa.[11] Porque, cuando son proféticas, las metáforas crean en nosotros más de lo que podemos crear en ellas. Nos informan más de lo que podemos informarlas. Puesto que son «fuerzas activas en el mundo», escribe Carl Hausman, ellas «hacen cosas manifiestas».

Y hasta hoy, las metáforas proféticas de los artistas «en vez de describir el mundo, crean uno nuevo».[12]

De acuerdo a Paul Ricoueur, esta metáfora se fundamenta «dentro de una perspectiva cristiana de promesa y esperanza». Ella hace lo intangible tangible, lo invisible visible, lo implícito explícito. Y «no solo tiene el poder de engendrar significado sino también de cambiar al mundo».[13]

Por las mismas razones, Murria Krieger afirma que ella

invoca «lo milagroso», y José Ortega y Gasset la llama «el poder más fértil en posesión del hombre».

Sin embargo, este poder se manifiesta sin una computadora. Consideren los dos juntos: la metáfora profética y el mundo digital. Ya es posible, con el simple toque de un botón, se pueden transferir miles de millones de dólares a cualquier parte del mundo. Y —como en la metáfora— esta transferencia no es de dinero físico. Pero igual, de alguna manera se convierte en dinero físico. ¡Es una fantasía que nos fuerza a creer! Similarmente, las metáforas digitales pueden hacerse «reales». Su realidad virtual (pero a la vez divina) pueden forzarnos a creer.

Una forma privilegiada de hablar

Mucho antes de que surgiera este lenguaje posmoderno, los antiguos hebreos hablaron a través de metáforas. O, más específicamente, Dios les habló a través de metáforas. Luego, mediante la profecía, comunicaron esta visión a otros. Final y milagrosamente, su visión se corrió y logró objetivos.

«Renuevas [renovó] la faz de la tierra».[14]

Recuerden la metáfora más importante de todos los tiempos: ¡Jesús! Espíritu, se hizo carne y reflejó el poder que reflejaba. Este Dios / hombre dijo: «El que me ha visto a mí, ha visto al Padre».[15] Y, como los profetas que dramatizaron sus metáforas proféticas, su propia vida reflejó la gloria de Dios. En resumen, él fue un modelo de todos los elementos de la metáfora profética.

Nosotros también somos metáforas, puesto que somos «transformados según la imagen de su Hijo».[16] Entonces nuestra fe exige que aprendamos a hablar este antiguo / nuevo lenguaje.

Al tratar de constatar estas metáforas posmodernas, primero debemos estudiar las dinámicas prácticas de la metáfora profética de Oseas: lo «conocido», lo «desconocido» y lo «trascendente». Luego debemos mantener abiertos nuestros ojos en busca de corrientes visionarias en las artes, especialmente en las películas y la música alternativa. Por último, debemos intentar usar la nueva «sintaxis» del ciberespacio: el hipertexto, la realidad virtual, el diálogo digital, las imágenes implícitas, los medios múltiples, las figuras vertiginosas, los temas globales...

Y debemos hacerlo todo en el contexto de un arte. Ciertamente el arte quizás se convierta en la forma privilegiada de hablar del futuro. Pero nos hablará sin sus atavíos usuales. A pesar de que la metáfora representa la estructura misma de las artes, no tiene nada que ver con las artes tal y como las definimos. Si bien las «bellas artes» de hoy en día se dividen en clases estrictas de música, danza, artes visuales, y poesía, la metáfora no tiene tal división. Y mientras el «alto» arte se eleva por sobre la vida misma, la metáfora no conoce tal deidad.

Una advertencia final: Negroponte dice que cualquier proveedor de entretenimiento o información que rehúse a explorar este nuevo lenguaje muy pronto fracasará.[17]

Esta advertencia también se aplica a la iglesia:

«Recibirán poder y serán mis testigos».[18]

La ruptura de los códigos

Con la «globalización», tercera ola de la era digital, surge la pregunta de la «misión» en una comunidad electrónica y global. Pero para contestar esa pregunta debemos examinar nuestras ideas.

Debemos salir de nuestras cajas.

Entonces nos daremos cuenta del desastre que representa una conformidad total a un código *culturalmente* «religioso»... a todas las cosas que no tienen nada que ver con el cristianismo. Entonces veremos entre los recursos de la iglesia: la Biblia, el Espíritu Santo, el tiempo, el espacio, y los creyentes, que los últimos cuatro siempre fueron flexibles. Como resultado entenderemos la gran necesidad de romper barreras.

Al fin y al cabo, como vio Martín Lutero, ¡mientras esté clara la presentación del evangelio, nada más importa!

Entonces el evangelismo del nuevo milenio romperá las barreras de la geografía, los grupos, los géneros, y las generaciones. Cruzará las fronteras que separan lo sagrado y lo secular, lo religioso y lo no religioso, lo piadoso y lo profano, el clero y los seglares, la iglesia y el mundo, lo familiar y lo foráneo, «ellos» y «nosotros».

Esto lo hará alcanzando a cualquiera, dondequiera, en cualquier ocasión, y de cualquier forma. Tratará de alcanzar a almas «diferentes», en lugares «diferentes», en ocasiones «diferentes» y en formas «diferentes». Y a la misma vez examinará significados interculturales, expresiones multiculturales y hasta modismos contraculturales.

Una resonancia conciliadora

Negroponte nos dice que al indagar el futuro digital la cuarta ola trae un sonido «armonizante». Por supuesto, en una cultura sin Cristo, solo escuchamos disonancia. Pero existe una resonancia conciliadora que resuena diáfana y fuerte a favor de la iglesia.

Escuchen.

La iglesia debe hacerse cargo de la abusada tecnología y convertirla en algo bueno. Debemos hacer acto de presencia donde la voluntad de Dios y la del mundo se separan y reunirlas con la verdad. Debemos señalar las obras impías de los «superhombres» y limpiarlas de su maldad.

Algún día podremos decir «ustedes pensaron hacerme mal, pero Dios transformó ese mal en bien».[19]

Al fin y al cabo, la iglesia es la una fuerza que puede trascender el momento y al mismo tiempo consumarlo proféticamente. Somos los únicos que pueden escaparse de un mundo perdido, y a la misma vez sanarlo. Somos los únicos que pueden evitar los demonios de nuestra era y a la misma vez responder con compasión por sus víctimas.

Y estos mandatos los encontramos primeramente en nuestro clamor por la «equidad»... en nuestra petición por igual acceso a la nueva tecnología... en nuestro deseo que exista «facilidad de uso» para todo ciudadano global.

Porque la libertad de información bien puede significar libertad para el crecimiento espiritual.

También encontramos estos mandatos en el clamor por un «centro de intercambio de información». Un lugar donde se pueda sacar la verdad fuera de un mundo de demasiada información. Alguien debería valorar la sabiduría más que la información, la calidad más que la cantidad, la validez más que el volumen. Alguien debería separar al trigo del tamo. Alguien debe decir «esto no está bien».

Porque al final: «La información mata, pero el Espíritu da vida».[20]

¿Pentecostés o babel?

La historia nos causa sobriedad. Sugiere que las grandes instituciones prefieren morir antes que cambiar, prefieren caer en decadencia que perder su influencia. Las corrientes actuales también nos causan sobriedad. Ellas sugieren que la juventud de hoy prefiere forjar nuevas alianzas antes que aceptar las viejas, prefieren crear nuevas formas antes que adoptar las que ya tenemos.

Por lo tanto, históricamente, nuestra esperanza se pierde en el medio entre la historia y las corrientes ideológicas.

Pero no podemos regresar. No podemos simplemente «decir que no» a la nueva tecnología... al mundo posmoderno... a los jóvenes con sueños diferentes. La iglesia del nuevo milenio se enfrenta a un nuevo mundo con nuevas reglas.

¡Y todo está en juego!

La batalla por nuestro planeta no es un vago asunto del futuro. Esta batalla cósmica donde tanto hay en juego ya comenzó. Es una nueva sala de operaciones en una guerra imperecedera por el corazón humano. Solo que en esta ocasión, alguien dijo: «El próximo siglo será espiritual o no será nada en absoluto».

Este libro da el último llamado a las armas y el último orden del día.

Necesitamos una nueva visión para la iglesia: una visión más grande... la visión que tiene un astronauta para el cual la alborada y el crepúsculo comparten el mismo horizonte. Necesitamos una nueva voz para la iglesia: una voz más fuerte... la voz del profeta que llama «las cosas que no son como si fueran».

Pueda que el mundo encuentre torrentes de Pentecostés dentro de los terrores de esta nueva Babel.

---

1 Arn, p. 9.

2 Morgenthaler, p. 136.

3 Seabald.

4 Negroponte, p. 75.

5 David Kinnaman, director de investigaciones para el grupo de investigaciones Barna, The Washington Times, 25 de noviembre de 1989, versión en línea.

6 Negroponte, p. 231.

7 Lochhead, pp. 9,10.

8 Hebreos 11:1.

9 Negroponte, p. 229.

10 Tom Beaudoin, *Virtual Faith* [Fe virtual], citado en el artículo «On Media» por Jon Katz, El Internet, http://www.wired.com/news/news/wiredview/story/14277.html.

11 Roof.

12 Thompson, *The Time Falling Bodies take to Light* [El tiempo que le toma iluminarse a los cuerpos que caen], p. 7.

13 Joy, p. 108.

14 Salmo 104:30.

15 Juan 14:9.

16 Romanos 8:29.

17 Negroponte, p. 63.

18 Hechos 1:8

19 Génesis 50:20

20 David Lochhead, citado por Donald L. Baker in «Welcome to the Cyber-Millennium»[Bienvenidos al cibermilenio], *Virtual Gods*, Tal Brooke, Editor, Eugene, Oregon, Harvest House Publishers, 1997, p. 51.